ひとり社長の稼ぎ方・仕事のやり方

一圓克彦
KATSUHIKO ICHIEN

明日香出版社

はじめに

この本は、私の失敗事例集です。

この本を手にしたアナタは、今まで経営に関する書籍を読んでこられたことでしょう。著名な経営者が書かれた本、各種コンサルタントによって書かれた本、経営を学術的に分析した本、世の中にはたくさんの「経営」について書かれた本があります。

そのたくさんの本と、本書の大きな違いは、
「本書は私の失敗に基づいて書かれた本である」
ということです。

別に失敗を偉ぶる必要はないのですが、私は過去、誰にも負けないくらい失敗をしてきました。20代の頃から、飲食業や福祉事業、ＩＴ事業や製造業、小売業等、年商数千万円

の会社から100億超のグループまで、実に大小さまざまな企業経営をおこなってきましたが、振り返れば失敗の連続です。

お金の失敗、人の失敗、営業販促の失敗……。数えきれないくらいの失敗をしてきました。

なかでも、私にとって一番の失敗は「自分の適正を知らなかった」が故に起こりました。

ごくごく平凡なサラリーマン家庭に育った私は、20代に入ってすぐ「社長」に憧れを持ちはじめ、ビジネスの世界に飛び込みました。ガツンガツンと頭を打ちながらも、恵まれた環境やひょんなラッキーの助けを借り、さまざまな企業の経営をするに至りました。

20代の頃、憧れていた社長室、社用車、多額の報酬。がむしゃらに働き全てを手に入れた時、気づいてしまいました。私には組織を率いるという適性がないということを。

組織の長としての振る舞いや、組織の力学をコントロールするチカラ、社内外への根回しや政治、これらにひどく向いていないことに気づいたのです。拡大した組織をコントロールすることができず、苦悩の日々が続きました。その間にも、横領事件が立て続けに発覚したり、社内の派閥争いが勃発したり、退職者が相次いだかと思えば、労働基準監督署の査察がやってきたり……。もう、私の頭の中はビジネスどころではありませんでした。

次第にお酒に逃げるようになり、経営も散漫、家庭もかえりみない生活。やむなく、企業を売却し、当時の妻とも離婚。

20代の頃あんなに憧れていた地位や名誉、お金を手に入れたのに、私には何も残っていませんでした。


その後、1年ほど空白の時間を過ごし、やっと気づきました。自分には、組織を作り、率い、どんどん事業を拡大していく経営スタイルが全く向いていなかったということに。


そこで私は、誰も雇わない「ひとり社長」として生きていくことを決意しました。今まで経験した数えきれないいくらいの失敗を糧にし、組織のしがらみのない世界で、自分の責任において自分のやりたいことをやる。

これを胸に秘め、走り抜いてきました。

そして、2社の株式会社を「ひとり社長」で切り盛りする今があります。

本書は、私と同じような「自分の責任において、自分の思い通りに、自分の会社を経営したい」ひとり社長のために書かせていただきました。冒頭にも書きましたとおり、全てが私の失敗に基づいた、いわば反面教師本です。

「こういうことをすれば失敗するのか」とわかるのはもちろん、ひとり社長として何をやるべきなのか、どうすれば稼ぐことができるのかも、わかるでしょう。

そして「これなら自分でもできそう」と、これからの自分の将来展望がはっきりと見えてくるでしょう。

現ひとり社長、これからひとり社長として旗揚げをお考えの皆様に、私の失敗経験がお役に立てましたら幸いです。

さぁ、ひとり社長を楽しみましょう！

２０１９年2月

一圓克彦

ひとり社長の稼ぎ方・仕事のやり方：もくじ

第1章

さぁ、ひとり社長になろう

第2章

ひとり社長のスタートアップ

第3章

ひとり社長のビジネスモデル

第4章
ひとり社長の営業戦略

第5章
ひとり社長の時間管理術＆セルフコントロール術

第6章

ひとり社長の情報発信術

第7章

実録「ひとり社長」ができあがるまで

カバーデザイン：萩原弦一郎（256）

第1章

さぁ、ひとり社長になろう

ひとり社長の「日常」とある1日の記録

朝8時、起床。軽く朝食をとった後、身支度を整えてパソコンに向かい、スカイプを使ったオンライン英会話レッスンを50分。英会話レッスンで目覚めた後、そのままメールチェックをして、急ぎのメールに返信。

その後、ZOOMを使って、遠隔地のクライアントとミーティング。ミーティングが終わると、秘書代行サービスをお願いしている会社からメッセージが2件。ホームページを見て電話でお問い合わせをいただいたので、折り返しご連絡をお願いします、とのこと。その連絡先に電話をかけ、詳細を伺った後、必要な資料をメールで送信。

ランチは社会保険の手続きをしてもらっている社会保険労務士の友人と、近所のお店で。書類の受け渡しと雑談でリフレッシュできたランチタイム。

昼食後は近所の本屋に立ち寄り、何を探すでもなくぶらぶら。気になった本を3冊ほど購入し、自宅の近所に借りているこじんまりしたオフィスへ。

午後からはミーティングが1件。ホームページの制作を依頼している会社の社長と、新しいサービスのページ制作について打ち合わせ。

その後、ホームページに使うプロフィール写真を撮影してもらうカメラマンに連絡し、撮影スケジュールを決定。

その後は、ホームページに記載する原稿の作成を開始。

午後5時、原稿作成が一段落したので、メールチェック。秘書代行会社より、午前とは別件のお問い合わせがあった旨のメールが来ていたので、折り返しのご連絡をし、見積書を作成、メールにて送信。

午後7時になったので、会食へ。お相手は自社サービスの営業代行を依頼している会社の社長。ここ数週間の営業進捗を報告いただき、今後の営業戦略をディスカッションしながら夕食。仕事の話が落ち着いた後、途中から合流した共通の友人を交えて楽しく飲み会。

これが、スタッフをひとりも雇用せず、六畳一間の事務所には電話すらないにもかかわらず、しっかり利益を出している私の「ひとり社長」としての日常です。

ご興味を持たれたアナタ、ぜひ、この先を読み進めてみてください。

ひとり社長とフリーランスの違い
メリットとデメリット

ここで、まず「フリーランス」と「ひとり社長」の違いをはっきりさせておきましょう。

本書でいう「フリーランス」とは自らの技能を用いて、自分の能力を売上に変える個人事業主のことを指します。

一方「ひとり社長」とは、自らの技能を商品化し、その商品やサービスを販売するビジネスモデルを構築した上で、売上を立てる法人経営者のことを指します。簡単に言ってしまうと、フリーランスはプレイヤーで、ひとり社長はプロデューサーといったところでしょうか（フリーランスのプロデューサーという方も存在しますが）。

まぁ、仕事の内容にはさほど差がないことが多いのですが、大きな違いは**「法人か否か」**であると私は考えます。

平成 31 年度の新規裁定者（67 歳以下の方）の年金額の例

	平成 31 年度（月額）
国民年金 老齢基礎年金（満額）：1 人分	65,008 円
厚生年金 ※ 1 人分の老齢基礎年金を含む 標準的な年金額	156,496 円

ともに妻が 40 年間専業主婦だった場合、妻にも老齢基礎年金 65,008 円（月額）が支払われる
※厚生年金は、夫が平均標準報酬（賞与含む月額換算）42.8 万円で 40 年間就業した場合のもの
図は厚生労働省平成 31 年 1 月 18 日の Press Release をもとに作成

個人事業主から法人に変更をする「法人成り」の基準は、税金面であったり信用であったりいろいろな基準があると言われていますが、いずれにしても、しっかりとした売上を立てられるか（単なる請負ではなく、ビジネスモデルを稼働させることができるか）が重要になります。

税制面でのメリット・デメリットの詳細なお話は、税理士の先生など専門家に譲るとして、私が考える「法人化」のメリットは、ズバリ「社会保険」です。

上記の図のように、年金面含め法人ならではのメリットを見過ごすわけにはいかないというのが、私の結論です。

ひとり社長の5つの自由
その1　時間の自由

その昔、私が「経営者になりたい！　いや、なる！」と決めたキッカケは、コレです。

人混みがニガテな私は、どうしても通勤ラッシュで混雑する満員電車で日々通勤することから逃げたかった。

だから、「自分で自分の時間を決められる経営者になろう！」とそう誓ったワケです。


しかしその後、組織を持つようになると、会議や決裁など業務の都合があり、結局スタッフが出社してくる時間に合わせて出勤する必要に迫られました。どうしても満員電車を避けたかった私は、早朝空いている電車で通勤してみたり、車で通勤してみたり、会社の近所に引っ越してみたり……。

結局、時間の自由とはほど遠い生活を余儀なくされたのです。

しかし、ひとり社長は違います。

組織を持たないので、「誰かの時間に合わせて出社する」という必要がなくなります。組織の都合ではなく、自分（の業務）の都合で仕事ができるため、時間の自由度は格段に高まりました。

午前中は自宅や出張先のホテルでデスクワーク、午後から外出。こんなスケジュールで動くことにより、私のニガテとする満員電車に乗る生活から脱出できました。

時間の自由というのは、別に満員電車からの脱出に限りません。どこに行っても混み合う週末はせっせと仕事をして、平日に休みをとって空いている繁華街で買い物や食事をしたり、代金が跳ね上がる連休を避け、安い料金で旅行に出かけたりできます。

このように、誰かの時間に合わせて仕事をすることから解放されると、数えきれないほどのメリットを享受できます。

ただし、組織という強制力がなくなるため、自己管理は難しくなりますが……。

私なりにあみ出したひとり社長の時間管理術をのちほど詳しく紹介します。

ひとり社長の5つの自由
その2　仕事量の自由

起業家というと、とにかく1円でも多くの売上を上げて、毎年倍々で成長していく。そんなギラギラしたイメージを持つ方が多いのではないでしょうか？

たしかに、私も20代の頃初めて起業した際には、そんなイメージで日々ガンガン売上を作るために活動していました。

「とにかく成長せねば！」と何かにとり憑かれたように突っ走っていたような気がします。

時代の流れや運もあって、順調に会社は成長しましたが、1年で人件費は10倍以上になり、事務所やお店を増やしたので家賃は5倍に。この固定費がドーンとのしかかってくるワケです。

順調に成長している時は問題ないのですが、売上が横ばいになると、急に恐怖を覚えます。売上が落ちた時には固定費が利益を圧迫しはじめ、眠れぬ夜を過ごしたことも少なくありません。

その時、頑張って売上を増やそうとすればするほど、アルバイトの人件費、正社員の残業代、販促費や光熱費がじわりと増え、思うように利益が回復しないのです。そんな「身体の重さ」をいつも感じていたものです。

あれから十数年、今は最低限の固定費のみで働くスタイルに変え、この「身体の重さ（機動力の悪さ）」からは完全に解放されました。

固定費は最低限に抑えていますので、その固定費（自身の報酬、事務所家賃等）を上回る利益が出たら、無理をしてお仕事を受けないようにしています。

また、逆もしかり。「売上が足りない！」そんな時は、盆正月だろうが、深夜だろうがなんだろうが24時間365日体制でガンガンお仕事をします。

経営者には残業時間や残業手当、休日出勤などのルール、ありませんからね。自分が納得いくまで思う存分仕事ができる。これも一つのメリットだと私は感じています。

ちなみに、私はビジネスが大好きなので（家族には申し訳ないですが）、24時間365日体制でお仕事を満喫しています！

ひとり社長の自由
その3　取引先・仕事相手の自由

「売上は何かを我慢したり、犠牲にしたりして作るもの」

そう考えている人が多いような気がします。

売上を獲得するために、時に原価ギリギリの価格での取引条件に応じたり、早朝や深夜でも打ち合わせや商談に出かけたりしている人もいます。人によっては、おつき合いとしてゴルフや釣りに出かけたり、夜な夜な接待で飲み歩いたり……。

これが苦痛ではない（好きな）人なら何も問題ないのですが、「売上のために我慢せねば」と考えていませんか？

ココから最も早く脱却できるのが「ひとり社長」という働き方です。

繰り返しになりますが、「ひとり社長」は従業員を持たず、必要最低限の設備のみで経営しているため、固定費と自身の報酬、そして将来への（少しの）蓄えを稼ぎ出せばいいのです。

私の場合、ぶっちゃけますと「ひとり社長」として自宅で起業した当初、電話代行サービス付きのバーチャルオフィス（月額2万円）と、自身の給与30万円（社保込）、税理士さんの顧問料（1万円）のみが固定費でした。**封筒や名刺などの消耗品経費を入れても月額40万円の粗利があれば成り立つ法人でした。**

第2章で詳しくお伝えしますが、粗利率の高い、そして単価もそれなりの商品をしっかり開発できた場合、40万円の粗利益を上げることは、それほど難しいことではありません。

私の場合は、起業4カ月で月額5万円のコンサルティングサービスを9社にご依頼いただくことができました。必死に働き続けた結果、その3カ月後には、コンサルティングと講演会で月額80万円の粗利を稼ぐことができました。

さぁ、本番はココからスタートです。ビジネスは人間対人間ですから、どうしても価値観の合う合わないが出てきてしまいます。

私は「支払う側が立場が上」という考えを持つ方とは、残念ながら価値観が合いません。

毎月の経費を捻出できる売上を獲得できているという安心感があるので、価値観が合わない方とはお取引しなくともいい状況となりました。

「ひとり社長」の会社の業績は、ひとり社長の精神状態で決まります。機嫌よくお仕事ができるようになったその時以降、ありがたいことに同じ価値観を持つクライアントの皆様に囲まれ、ビジネスを楽しむことができています。

ひとり社長の自由
その４　取扱商品の自由

「何でもできるは、何にもできない」と、よく言われます。「何か1つに特化しなければ、ビジネスは成り立ちませんよ」という意味で使われることが多いですが、私はこれ、半分正解で半分ハズレだと思っています。

まずは、アナタが何の専門家であるか、これをわかりやすくすることが重要になるのは、言うまでもありません。

しかし**「ひとり社長」は、そこでお客様を一定数獲得したあと、「何でもできる」にシフトしていくべき**だと私は主張します。

たとえば私。最初は（今でもそうですが）リピーター創出の専門家として、コンサルティング活動を開始しました。最初の数年は、それを専業としていましたが、あるクライアントから社員研修の相談を受けたのです。

基本、コンサルティングは経営者に提供するサービスですから、それまで社員研修ができると言ったことも思ったこともありません。

しかし、クライアントたってのご希望でしたから、研修のカリキュラムを必死で作成し、ご提供することになりました。

また、別のクライアントでは、リピーター（ファン）のお客様を増やすために、会社のストーリーを作りましょうというプロジェクトを動かしていました。

すると､そこで「パンフレットやホームページを刷新したい。制作もお願いできないか」と相談をうけたのです。

直接私が制作するわけにもいかないので、パートナーを募り、私がディレクターとなって制作業務を請け負うこととなりました。

結果、コンサルタントであり、セミナーや研修講師であり、制作業者であり、という側面を持つようになったワケです。

また、セミナーや講演の機会をたくさんいただいているうちに、セミナーや講演の講師になりたいという方向けのサービスを開始し、そちらの事業も「ひとり社長」として経営するに至っています。

ひとり社長の会社を2社経営しているということで、この書籍の執筆を出版社さまからご依頼いただき、こうやって筆を執っています。おそらく（ビジネス大好きな私は）この「ひとり社長」の皆様向けのサービスをより充実させていくことでしょう。

自分が直接やるやらないは別として、「ひとり社長」の会社はアナタの才覚で利益を上げる法人です。

だから、「できることで求められていること」かつ「やりたいこと」には片っ端からチャレンジすべきであり、それが可能になる法人なのです。

ひとり社長の自由 その5　参入&撤退の自由

もともと大阪で生まれ育った私ですが、２０１３年から北海道札幌市に住んでいます。「ひとり社長」として設立した最初の会社は、今でも本社は大阪のままなのですが、何も問題ありません。強いて言うなら、郵便物くらいでしょうか……。

また、前項でご紹介した制作業務が手一杯になってきたので、さっと撤退しました。クライアントと共同経営していた飲食店も、完全にクライアントにお渡しして、私は一切の手を引きました。

身軽になった私は、既存のコンサルティングのクライアント様とじっくり向き合う時間を確保しつつ、札幌に引っ越したのです。そして、せっかくのご縁だからと、札幌を本社とする「ひとり社長」の会社を１社設立し、今に至ります。

組織を持ってしまうと、こうはいきません。いかに優秀な人があつまる組織であっても、最高意思決定者の社長が顔を見せない状態が続くと、ほころびが生じます。スタッフそれぞれに生活があるので、「はい、次北海道ね！」なんて軽々しく移転できませんし、可能であったとしても莫大なコストがかかります。

この**フットワークの軽さ。**これが「ひとり社長」最大の自由ではないでしょうか。

同じ「ひとり社長」でも強みが違う

ただ、「ひとり社長」としてビジネスを始める方すべてが、私のような「人や組織」に苦手意識を持っている人ばかりではないはずです。

「まずは『売上と利益』を創出する仕組み作りに専念したい！」という理由で「ひとり社長」を選択すること、私は大賛成です。

その後、人や組織を統率し、ビジネスにレバレッジをかける能力をお持ちの方は、「脱！ひとり社長の戦略」をとられるのも1つの手かと思います。

また「ひとり社長」としてビジネスを続けるとしても、「売上や利益」ジャンルの特性を持つ社長と、「人や組織」ジャンルの特性を持つ社長では、ビジネスの方向性が大きく変わってきます。

私の場合、明らかに「人や組織」を不得意としていますので、手がけるビジネスは全て

「売上や利益が上がる仕組みづくり」、これだけです。自身でコンサルティングを提供するというのもこれにあたります。

さらに発展させたい場合は、新しい商品やサービスを考え、それをパートナーに販売してもらうというビジネスモデル、これを提供しているわけです。

一方、私のまわりで「人や組織」ジャンルを得意としている「ひとり社長」は、コミュニティの主宰という立ち位置でビジネスを上手く発展させています。

自身が直接的な商品やサービスを提供するのではありません。コミュニティを形成し、場の提供をおこなうビジネスモデルなのです。コミュニティが活性化するにはどうすればよいか、この能力はまさに「人や組織」ジャンルの特性なくしてできません。

このコミュニティの活性、拡大とともに「ひとり社長」から脱する（組織でコミュニティを運営する）人もたくさんいらっしゃいます。

その他にも、右腕を雇用して組織化する、ビジネスパートナーと合弁会社を作るなど、さまざまな発展形を見てきましたが、いずれにせよ**「自らの特性を理解する」**ことが全てのスタートラインと言えます。

第2章

ひとり社長のスタートアップ

ひとり社長スタートアップの心構え

さぁ、スタートアップ。今からの事業成長に思いを馳せると、ワクワクしますね。楽しみですね。私も新しいビジネスを立ち上げる瞬間が一番燃えます。この興奮が忘れられなくて、今まで十数社のビジネス（会社）を立ち上げて来た、と言っても過言ではないくらいです。

が、そんな想いに水を差すようで申し訳ないのですが、これだけはしっかりと覚えておいてください。

ビジネスに「初心者」も「ベテラン」もない、ということを。

アナタが新米社長だからといって、世の中は優遇してくれません。初心者ハンデをもらってビジネスをおこなうことなんてできないのです。アナタが社長として世に出ることとはつまり、テレビや雑誌、書籍などでよく見かける有名経営者や、アナタのまわりで目覚ましい成果を出している経営者達といきなり「同じ土俵」に上がって戦うことなのです。

既知の信頼関係を築いている人から、ご祝儀的にお仕事をいただくことはできるでしょうが、それに甘えて

「まだ起業したばかりだから、納品に時間がかかっても仕方ない」
「まだ始めたばかりなので、包装は簡素なものでいいや」
「まだ売上が少ないので、ホームページなどはそのうち追々で」

なんてやってしまうと、ジリ貧状態に陥りかねません。

スタートアップ時で十分な資金や時間がないのは仕方ありませんが、それを言い訳にして理解をしてくれるお客様は世の中に存在しないという現実、これをしっかりと頭の隅に置いておいてください。

では、資金や時間に余裕がないスタートアップ時、どのように立ち回るべきなのか。私の経験からお伝えします。

売りたい商品ではなく売れる商品を開発する

世の中には「誰の・何の」役にも立たない商品などないと言ってもいいでしょう。どんな商品だって、必ず誰かの役に立つはずです。なのに、売れない商品が存在するのはなぜだと思いますか？

答えは簡単。売れない理由は「売りたい商品」を売っているから。これに他なりません。まず**「売りたい商品」ではなく「売れる商品」**を売る必要があります。

ここで「売りたい商品」と「売れる商品」の違いを簡単にご説明しましょう。

「売りたい商品」の多くはニーズが顕在化していないのに対し、「売れる商品」はニーズが顕在化している。こう覚えておいてください。

つまり、アナタがまず作って売るべきは、**ニーズが顕在化されている「売れる商品」**でなければならないのです。

私がコンサルタントとして活動をし始めた当初、全くお申し込みをいただけませんでした。サービスの質を担保すべく、一生懸命に私の過去の実績をアピールしても、ビジネス書を出版しても、コンサルティングが申し込まれることはありませんでした。

理由は簡単です。コンサルティングというのは、私が「売りたい商品」だったからです。世の中には「コンサルティングを受けたい」という経営者の数が少ないのです。

そこに気づいた私は、次に「販促物の診断サービス」という名のサービスを提供することにしたところ、ポツポツとお申込みをいただくことができたのです。

実は、売れなかった「コンサルティング」というサービスの中には、「販促物の診断」も含まれていました。つまり、「コンサルティングを受けたい」という人よりも「自社の販促物を見直したい」と思っている人のほうが圧倒的に多かったのです。

結果的に同じサービスを提供するにせよ、商品を顕在化されたニーズにあわせて組み立ててご紹介する。これが「売れる商品」を作るということです。

アナタの商品を知ったお客様が「あー！ それそれ！ それが欲しいのよ」と反応するか「ん？ 何それ？」と反応するか。ここが売れる売れないの分かれ道です。

経験を活かし「モノ」＋「サービス」で商品を作る

ひとり社長がスタートアップ時に販売する商品は、断然「形あるモノ」と「無形のサービス」を組み合わせたものをオススメします。

形あるモノを販売する場合は必ず **「原価」** が発生します。何かを作って販売する場合は原材料費、何かを仕入れて販売する場合は仕入原価という具合ですね。

また、場合によっては在庫が必要になったり、送料が高額になったりと、どうしても粗利を含めた利益率が低くなりがちなのが「形あるモノ」を販売するビジネスです。組織を持たずに利益を追求する「ひとり社長」にはこの業態をオススメしません。

では、「無形のサービス」を販売すればいいのでしょうか?

一概にそうとも言えません。

たしかに、コンサルティングや施術など「無形のサービス」は、原料や仕入れに原価が

(※) たまに「技術習得や知識のインプットという原価がかかっている」とおっしゃる方がいらっしゃいますが、ここでは、商品１つあたりに必ず必要になるものを原価と呼んでいます。

かかりませんから、利益率がモノに比べて圧倒的に高くなります（※）。

しかしながら「無形のサービス」というのは、お客様からすると、手にとったり他と比較したりできませんので、販売するハードルがぐっと上がります。つまり、売りにくい。

そこで、私がオススメするのは「売りやすいが利益率の低いモノ」と「売りにくいが利益率の高いサービス」を組み合わせた**「パッケージ商品」**です。

たとえば、私が販売している「コンサルティング」という商品。単に無形のサービスとして「コンサルティングを提供します」と販売しても、残念ながらおそらく全く売れないでしょう。

お客様の立場からすれば、何をどう提供してもらえるのか、結果は出るのか、他と何が違うのかなど、全くわからないですから。

そこで私のコンサルティングサービスには、テキストや教材、ツールなどの「モノ」が付加されています。

「このテキスト＆ワークブックを使ってコンサルティングを進めていきます。その際に使用するこれらのツールも一式、おつけいたします。また、プロジェクトの進捗を管理するためのシート類一式もご用意しています。これらツール類と半年間のコンサルティングがセットで○○円です」

というパッケージにして、コンサルティングの販売をおこなうのです。

すると、お客様の頭の中では『あれだけのモノが手に入るのなら○○円という価格でも……』という思考に変わっていきます。無形のサービスのみを売る場合よりもはるかに成約率が上がるということです。

他者が発行した「資格」に頼らない

表にも裏にも、さまざまな団体（または国）が発行した資格がずらりとならんだお名刺をいただくことがあります。

特段、起業や創業のご相談ではない場合はスルーしますが、もしこれがご相談くださっているクライアントだとしたら、私が真っ先に突っ込むポイントです。

というのも、国家資格の場合は、「国」が認めているという一定の役割を果たしますが、それだけでは残念ながら、十分な量と質のお仕事を獲得できないからです。ネットで検索すれば、その資格を保有した人が数百人、数千人と見つかるのですから当然でしょう。

その「たくさん存在する同業」の中から誰にお願いするのか。この選考に勝ち残らなければ、オーダーにつながらないのは言うまでもありません。

では、お客様は何を見て選考すると思いますか？

それはズバリ「人」です。その人のビジュアルなども大切な要素ですが、なかでも最も重要なのは「経歴」という要素です。「経歴」というのは学歴や職歴、資格取得歴のことではありません。

一言で言うと『**どう生きてきたか**』です。

ここでA君とB君の2人を紹介しましょう。

まずはA君から。

「とにかくモテたい！」という情熱で始めた自営業を発端に、ビジネスの面白さに目覚め、以降23年間は常にビジネスに没頭。飲食、福祉、IT、製造、卸小売、デザインなど、気がつけば12社の企業経営をするようになっていた人間が、自分の失敗経験をベースに中小企業のコンサルティングをしています。

次にB君を紹介します。

手に職をつけようと経営の勉強をはじめ、○○の資格を取得。その後ビジネススクールに通い、MBAコースにて学びました。加えて、素晴らしいスタッフと素晴らしい組織を作る知識を得るため、一般社団法人〇〇の認定資格を取得しました。経営者の精神的サポートもしたいので、カウンセリングやコーチングの勉強もしており、有名な団体からブロンズ（上から3番め）のディプロマをもらいました。それから、セミナー講師として活躍したいと思い、一般社団法人〇〇のアドバンスコースを卒業しています。

どちらのほうがビジネスのオーダーを引き寄せるでしょうか？

ずばり、A君だと思いませんか？

実はこれ、A君もB君も私のことです。資格や団体が悪いと言っているわけではありません。実際私もたくさんのことを学ばせていただいております。

何がいけないかというと、それは資格や認定を取得してきた羅列です。

「この人はビジネス（提供するサービス）ではなく、自らのスキルアップに人生を費やして来た人だ」

こんなふうに思われてはいけないのです。

商品開発は「差別化」よりも「個別化」

「他社との差別化を図るため、うちは高級路線にしよう」

「ライバルとの差別化のため、うちは女性に特化しよう」

ビジネスの現場では「差別化」についてよく話し合われているでしょう。

このような「差別化」を図ることは、決して悪いことではありません。あらゆる産業が一般化してしまった現代においては、有効な戦略です。


しかし、「ひとり社長」のスタートアップ時は、この「差別化」を更に細分化した**「個別化」**の戦略をオススメします。

高級志向、女性という「属性」ではなく、その「個」に向けたアプローチ。これが「個別化」戦略です。

どの「属性」に買っていただくかでは対象がまだぼんやりとしています。「どこの誰」に買っていただくか。狙いをたった1人（社）に定め、商品開発を進めていくのです。

たとえば、私がやっている「セミナーや講演講師の育成」という事業があるのですが、この事業を立ち上げる時、「この人にこのサービスを利用して欲しい！」というある1人のターゲットの方がいらっしゃいました。

その方とは、とある業界のコンサルタントです。クライアント獲得のために書籍も複数出版されていて、仕事も順調なのだろうと思っていました。

しかし、思うような成果が出ず困っていらっしゃいました。

「セミナーを開催すればいいとわかっていながらも、何から手をつければよいのかわからない」

そんな話をとある懇親会で伺ったのです。

そこで私は「ビジネス書著者でもあるコンサルタント向け」のセミナー開催コンサルティングを開始しました。

ここでは詳しく書けませんが、業界やお困りごとなど、先ほどの人向けに開発したプログラムです。その人にしか当てはまらないだろう、その人にしか役に立たないだろうというレベルにしました。

結果は、どうなったかと言うと、安くない金額のプログラムに、（その方を含め）毎回5、6名のビジネス書著者の方がご参加くださいました。

もちろん、他のサービスを考える時にも応用できます。

よく、ペルソナを設定するという言われ方をしますが、ペルソナはあくまで架空の想定人物にすぎません。

私がオススメしたいのは、**実在する「あの人（会社）」1人（社）のために商品を一から作る、**という手法です。ひとり社長のスタートアップには必須の考え方です。

ひとり社長が最初に持ってはいけない3つのモノ

●事務所

とにかく、ひとり社長（に限らずスタートアップ時の事業）の大敵は**「固定費」**です。
これは断言させていただきます。

スタートアップ時（特にはじめての起業時）には、一国一城の主になるようなワクワク感があり、ついつい立派な事務所を借りたり、スタッフを雇って組織化してしまいがちです。それ自体が悪いわけではありません。

しかし、**スタートアップ時には「慎重に慎重を重ねて」極限まで固定費をゼロに近づける努力をされること**をオススメします。ひとり社長の場合は前者の「家賃」にとことんシビアになってください。私のような失敗をしないためにも。

私が最初に起業したのは20代の頃。個人事業主ではなく、いきなり株式会社からスタートしました。

会社を登記する際、「自宅じゃカッコ悪い」というだけの理由で市街地のデザイナーズマンションを事務所用として借りることに。家賃は16万円。そのオフィスに仕事用のデスクやPC、応接用のソファやコーヒーメーカーなどを買い揃えました。

今から始まる起業にワクワクし、家具屋さんや雑貨屋さん、家電量販店をウロウロしていました。その後待ち受ける悲劇のことなど知る由もなく。

この時点で、使ったお金は200万円弱。何よりお金がかかったのが事務所費用でした。住居用とは違い、事務所使用での賃貸にはたいてい数カ月分の保証金が必要になります。私の借りた物件の場合、6カ月分の保証金が必要でした。それに加え、最初に家賃を2カ月分、不動産会社に支払う手数料が1カ月分で合計150万円ほど。そして、その翌月から毎月16万円の家賃が発生し続けます。まだ、売上も上がっていないのに。

手元資金に余裕があるうちはまったく平気なのですが、資金の底が見え始めると急に焦るようになりました。
するとどうなるか。当初提供しようとしていたサービスではなく、すぐに売上につながる「何か」を始めてしまうのです。その後、家賃を支払うために目先の売上を作る作業に没頭してしまい、2年経っても起業当初予定していたサービスのお客様はゼロ状態。

結局2年後に、共用執務スペースがあるバーチャルオフィスに会社住所を変更。保証金不要、家賃（住所使用料と共用スペース利用料）が月額3万円。経済的にも精神的にも負担が軽減した後、なんとか事業を成長軌道に乗せることができるようになりました。

今では事務所を構えるようになりましたが、スタートアップ時に事務所費用の負担があると、唯一の稼ぎ頭である自分のメンタルに大きな負担がのしかかり、身動きがとれなくなります。

今となっては、身をもって経験できて生きた教訓となりました。

●在庫

在庫がもたらすのは、支払いが先に来たり、保管費用などがかかったりという「金銭的負担」に加え、それにともなう**「精神的負担」**です。実はこの「精神的負担」のほうがひとり社長にはつらいものとなります。

私も過去、在庫による恐怖を味わったことがあります。

その昔、新事業として店舗向け販促システムの販売代理権を取得し、店舗向けの営業活動をおこなっていました。このシステムは店舗に小さな端末を設置し、顧客管理ができるというITツールだったのですが、開発元との取引条件が「販売代理権を獲得するには、まず100ライセンスの仕入れが必要」というものでした。

素晴らしい機能を持つシステムでしたから、「ま、100ライセンスくらい先払いで在庫をしても大丈夫」と楽観的に数百万を支払い契約したのですが、これが甘かった。

大規模な販促キャンペーンができるほど私には体力（資金力）がありませんから、地道な販売活動を続け、数カ月で10件ほどの契約をいただくことができました。

しかし、まだ支払済の在庫ライセンスが90。導入いただいた10社へのフォローがありますから、新規営業のペースは次第に落ちてきます。

また、ＩＴの世界は日進月歩。さまざまな企業が類似サービスを開発し、市場は激戦状態。すると、じわじわと精神的に追い込まれていきます。残り90ライセンスを販売することしか考えることができなくなるのです。

そのように日々追い詰められると、経営者にとって最も重要な「中長期を見通してのビジネスプラン」を考えられなくなり、「在庫を一掃するにはどうしたらいいのか」という思考に支配されてしまいます。当然、業績は下降の一途。

さすがにマズいと感じた私は、思い切って残り90の在庫を販売することを断念し、残りの在庫すべて廃棄しました。在庫一掃の呪縛から解放された頭と身体を使って、すでにお取引いただいていた10社のお客様向け別ビジネスに軸足を移していきました。

この決断があったので、なんとか難を逃れることができたのです。

この経験から、**「スタートアップ時には在庫を持たない」**ことを徹底しています。その後、小売業を営んだ際、在庫をしていましたが「全て売れ残っても、経営に支障がない」範囲にとどめていました。これほど、在庫というのは怖いものなのです。

●しがらみ

スタートアップ時には、とにかく売上が欲しいものです。

「どんな手を使ってでも売上を作りたい」

そう思うのは当然の流れなのですが、ここで注意が必要です。

このスタートアップ時に「しがらみ」を作ってしまうと、ビジネスが順調に推移した時の「足かせ」になりかねません。ここで私がやってしまった失敗をいくつか紹介しましょう。

【バーター取引】

本来は「物々交換」を意味する言葉ですが、ビジネスにおいては「おたくの商品を買うから、うちの商品買ってよ」という意の取引と定義します。

初めての起業時、なんとしても売上が欲しい私は、この取引をたくさんしました。

結果、複数社の保険に加入し、その後使う機会がなくなったウォーターサーバーや、顧客管理システム、福利厚生の会員権の支払いに頭を悩ませられました。解約すると自社サービスも解約され、契約を続けていても利益が相殺される、そんな状況に陥っていたのです。

【範疇外サービス】

「〇〇してくれるなら、買ってもいいよ」

この〇〇が提供商品やサービスの範疇内なら問題ないのですが、売上が欲しいあまり、提供商品の範疇を超えてしまう場合は要注意です。

オフィス向け事務機器の販売をしている頃、売上欲しさに「(別途手数料は払わないけど)持ってきてくれて、セットしてくれるなら買うよ」というお客様に、笑顔でお応えした私。利益が出ないことはわかっていましたが、とにかく売上が欲しかったわけです。

その後も、ゴミを回収して欲しい、午前中に来て欲しいなどのご要望にも(もちろん追加料金なく)お応えしていました。結果、**忙しく動き回っているのに、利益が全く出ない事業**になってしまいました。

その後、追加サービスを有料でお願いしたところ、取引先は半分に激減しましたが、利益率は大幅に改善。売上欲しさの衝動に負けず、最初からそうすればよかったと深く反省したものです。

あらゆるコストを「変動費」化する意識

先の項で「固定費」をなるべく持たずにスタートするのがいいと書きました。

私が経営する2社には、賃貸契約を結んだ事務所もたった1箇所しかありませんし、正社員として働いてくださるスタッフもひとりもいません。その他、月額でかかるような固定費にはとにかくシビアに目を光らせていますので、売上に対して固定費の率はほんの数%となっています。

レンタルで済むものはレンタルで、よほどのことがない限り定額制ではなく従量課金でサービスを使用しています。

当然、繁忙期になると定額よりも従量課金のほうが高くなったり、所有してしまったほうが安上がりに思えたりするのですが、先にご紹介したような「固定費を賄うための思考」に陥ってしまうほうがよほど危険です。

とにもかくにも、スタートアップ時には**「固定費は経営の敵」**くらいの意識でいいと思います。

ただし、「人件費」を変動費化する際には、十分な注意が必要です。外注としてお願いしているつもりでも、直接的な指揮命令を都度くだしていたり、出社や時間拘束を要したり、パソコンや携帯電話等を貸与していたりする場合、それは外注（業務委託）ではなく直接雇用や労働者派遣にあたる場合があります。

その場合、それぞれの働き方に応じた手続き取扱（社会保険など）が必要になります。あくまでも、ある一定の業務を相手の裁量にお任せし、成果物を提供いただくのが外注となります。

私は専門家ではありませんので、これ以上の解説は差し控えますが、詳しくは社会保険労務士など、法律の専門家にお問い合わせください。

営業を変動費化する

現在私は、年間100本以上の講演会に登壇するため全国を飛び回ったり、自主開催でのセミナーを販売したりするほか、十数社の企業にコンサルティングを実施し、集客やリピート創出のためのシステムを販売したりもしています。

しかし、私の会社には「営業」のスタッフがひとりもいません（ひとり社長ですから当然ですね）。毎月必要になる営業にかかる固定費を一切負担せずに前出のお仕事を獲得しているのです。

そのためにフル活用しているのが**各種「代行」のサービス**です。

・講演のお仕事を獲得してくださるのは「講師エージェント」と呼ばれる講師紹介をサービスとする企業様

・自主開催セミナーの販売をして下さるのはアフィリエイターさんや、手数料をお支払

いしての紹介
・システムの販売は営業代行（アウトバウンドコール）企業様
私はこのようにお任せしておりました。

また、すでにたくさんのお取引先をお持ちの企業さんにお願いし、そのお客様にご案内していただけるような仕組みを作ったこともあります。

これら**全て「売れたら手数料をお支払いする」という営業のアウトソース化（変動費化）**と言ってもいいでしょう。

また、商品やサービスをホームページを使って販売する際、パートナーの制作会社様と「制作費用に加え、このホームページから販売された売上高に応じて手数料をお支払いします」という契約を結ぶことも少なくありません。

ようは、**「制作しておしまい」という関係性ではなく、より売れるにはどうしたらいいのかを一緒になって考えてもらうパートナーになっていただく**のです。

具体的にはこの場合、一日制作してくださったものをアップロードした後も引き続き解析や分析し、時に写真や文章（コピー）を練り直したりします。売れれば売れるほど制作会社さんの売上にもなりますから、熱意を持って取り組んでくださるはずです。

このように、売上の数割を代行会社さんやパートナーにお渡しすることによって、私は営業スタッフゼロで今までずっとやって来ることができました。

「紹介料や成約手数料を支払うと、自分の取り分が減ってしまうじゃないか。もったいない」と目先のお金に目が行ってしまう気持ち、よくわかります。

しかし、断言します。**固定費を増やすリスクを回避できる**と思えば、安いものです。

窓口業務を変動費化する

私の名刺はメールアドレスが目立つようデザインされており、名刺交換の際には「よろしければメールでお問い合わせください」とお伝えしているため、すでにお会いした方からのお問い合わせはメールでいただくことがほとんどです。

また、名刺交換させていただいた方以外のお客様からのお問い合わせは、ホームページ経由でいただくことが多いのですが、ごくたまにお電話でお問い合わせをいただくこともあります。

しかし、私の経営する2社には事務スタッフが常駐していません。

そこで「秘書代行サービス」と呼ばれるサービスを活用しています。当社専用の番号を割り振っていただき、名刺にはその番号を記載しています。お客様からお電話をいただくと、ご用件をお伺いし、担当者からすぐ折り返す旨をお伝えしてくださいます。その後すぐ、指定のメールアドレスに用件と折り返し連絡先のメールが届き、それを見て折り返しのご連絡をします。

さらに当社では、私（一圓）がすぐ折り返しできないことが多いため、メールアドレスを共有し、外部スタッフさんにこの要折り返し連絡を受けてすぐに連絡を入れてもらうようお願いしています。

過去、秘書業務に従事しておられ、現在は自宅で育児をされていらっしゃる方や、別の仕事をしているものの時間は比較的自由で、常にパソコンを携帯している方など、数人の方に割り振りをしてお願いしています。

この方々には、一般的なお問い合わせには十分対応ができるテンプレートなどをお渡ししてありますので、よほどのイレギュラーでない限り、失礼のない的を射たご対応が可能となります。

この方から折り返しのお電話を入れていただき、以降のやりとりはメール、もしくは緊急を要す場合はその方の携帯電話でおこなっていただいています。当然、やりとりが複雑な（お金に関することなど）場合は、私にバトンタッチしてもらうこととなります。

契約形態は、毎月の基本料金と1件対応あたりの従量課金。事前に、お問い合わせに対する想定問答集やお渡ししていただく資料などを準備作成する手間がかかりますが、その手間を差し引いてもメリットは十分です。

また、ひとりの方と長くおつき合いをすると、ある程度当社のお仕事のことなどをご理解いただけますので、まるで自社のスタッフのようなお仕事をしていただけます。大満足です。

地代家賃を変動費化する

「駅近に事務所を持って、執務室や応接ブースを作って、あと、セミナールームがあったら便利だなぁ」

コンサルタントとして活動を開始して以降、幾度となくこんな想いが頭をよぎりました。そのたびに、過去の**「固定費地獄」**を思い起こし、踏みとどまって来ました。

しかしながら、コンサルタントとしてクライアントと面談をする際、近所の喫茶店やファミリーレストランで、時に機密情報も含まれる大切なお話をするワケにはいきません。

そこで現在は、札幌と品川に不動産の賃貸契約をした事務所ではなく、レンタルオフィスを借りています。このレンタルオフィスは、法人登記も可能で、しっかりとした専有スペース（個室）が確保されており、大切な書類等を安全に保管しておくことができます。

また、大小様々な会議室、セミナールームを会員価格かつ、使った分だけの費用で借りることができます。
総合受付では、簡単な来客対応の他、郵便物の受取などをおこなってくださいますし、先にお伝えした「秘書代行サービス」も提供いただけます。毎日、廊下などの共用部分においては、お掃除だってしてくださいます。

ちなみに、品川で同様の広さのオフィス物件を調査してみたことがあるのですが、現在利用しているオフィスの軽く倍の賃料でした。
また、自分で賃貸オフィスを借りた場合、光熱費や備品なども当然自己負担となります。掃除だって自分でする必要があります（当然ですが）。

これはあくまで、私がレンタルしているオフィスの内容ではありますが、同様のサービスを提供しているオフィスが日本全国に存在しています。素晴らしい立地の場所で、素晴らしい設備とサービスを、必要な時に必要なだけ利用する。賃貸契約した事務所が必要である特殊な業種を除いては、これで十分なのではないでしょうか。

第3章

ひとり社長のビジネスモデル

営業戦略とビジネスモデルの違い

ひとり社長としてしっかり利益を出していくため、もっとも重要なのが**「ビジネスモデル」**と言っても過言ではありません。

ここで注意が必要なのが「ビジネスモデル」と聞いて、よく「営業戦略」と混同してしまうということ。

この2つ、実は似て非なるもの。「営業戦略」も重要ですが、それよりも何よりも重要なのが「ビジネスモデル」です。1にも2にも「ビジネスモデル」なのです。

この2つの違いを簡単に言ってしまうと、**「営業戦略」とは、どう売るか・どう買ってもらうか。「ビジネスモデル」とは、どう利益をあげるか。**前者は商品の売り方の構造や流れをデザインすることであり、後者は利益の構造をデザインすることです。

たとえば飲食店を経営するとしましょう。販促ツールでお店の存在を認知してもらい、充実のクチコミ情報で信頼度を高めていただき、期間限定キャンペーンや名物料理で興味を喚起し、簡単ネット予約で来店予約を促し、来店につなげる。これが「営業戦略」。

・毎回のお通し代が無料になる「マイ箸」を1000円で購入していただく

・1回500円で枝豆つかみとりゲームを提供し、つかめた量の月間ランキングを発表する

・5000円で特別個室を用意する。
・お店自慢の調味料を店内限定で販売する

これが「ビジネスモデル」。利益の構造デザインです。

先ほども言いましたが、「営業戦略（＝どう売るか）」よりも、「ビジネスモデル（＝どう利益を作るか）」のほうが重要です。

まずは、ビジネスモデルなのです。この章では、いかに美しい「ビジネスモデル」を構築するか。ここを詳しくご紹介していきます。

売上を増やすとは客数を増やすことではない！

これは私自身の苦い苦い思い出です。20代前半、飲食店を始めた頃の出来事です。当時の私は、**「売上＝客数」**だと信じ込んでいました。お店を繁盛させる（利益を増やす）ためには、「とにかくお客様の数を増やさねば！」そう思っていたのです。

イベントやキャンペーンを頻繁に行ない、広告宣伝に毎月数十万円を投入し、とにかくお客様の数を増やすのに必死な日々でした。寝ても覚めても、「お客様の数を増やすにはどうすればよいか」これればかりを考えていました。

で、行き着いた先が「安売り」。宴会の幹事さんは「代金無料！」とか、「生ビール100円！」「枝豆200円！」とか。とにかくインパクトのある「価格訴求」が広告宣伝のメインになっていきました。

結果、お店は連日超満員。行列ができるお店へと変貌を遂げました。売上＝客数だと信じていた私は飛び上がって喜んだのですが、その喜びもつかの間。収支報告を見て愕然としました。

お客様数：7倍

売上：2倍

利益（前月比）：マイナス100万円

ことの顚末《てんまつ》や詳細は後述（第4章）しますが、かさむ広告宣伝費、利益のとれない安売り商品、お客様数増加による人件費高騰が組み合わさり、大幅な赤字増となってしまったのです。

この悲劇は、飲食業に限ったお話ではありません。「ロゴマーク、1つ10000円で作ります！」「コンサルティング、1時間5000円でお受けします！」「マッサージ、60分3000円！」いずれも同じ結果を招きます。

薄利多売によるお客様数（シェア）獲得というものは、資本力のある大企業が採るモデルです。ひとり社長は絶対に真似してはいけません。

ビジネスの「上流」を押さえる

アナタは今、ホームページ制作のお仕事をしているとします。身につけた技術を駆使し、オーダーがあったホームページを制作し、納品する。素晴らしいお仕事です。

しかし、同業他社がひしめく昨今、思うように単価は上がりません。必要な売上を獲得するため、膨大な作業量に疲弊しています。

さぁ、次の一手をどう打ちますか？

ここで多くの人が、「最新の技術を身につけて差別化し、単価アップを図る」というほうに流れてしまいます。

コレがまずい。というのも、**「最新の技術」と言えるものは賞味期限が非常に短い**からです。

いずれその技術の単価も下落の一途をたどります。同じことの繰り返しになってしまうというわけです。

そこで打つべき手とは、**現業の上流に目を向ける**ということです。ホームページ制作の依頼の上流、つまり何のためにホームページが必要になったのかを考えます。人材採用なのか、販売促進なのか、何か目的があるはずです。その目的が見えたら、それをサポートする領域に踏み出すのです。

実は私、7年前まで、システム開発とホームページ制作の会社を経営していました（7年前に売却しました）。

つまり、前出の悩みは、当時の私の悩みというわけです。

そこで制作業務の上流に目を向け、遡上を繰り返しているうち、経営コンサルティングという、ビジネスの上流にたどり着いたのです。

ビジネスは、下流に行くほど作業が単純化され、単価が安くなる傾向にあります。ひとり社長は、対労働の生産性を高めるため、常に上流を意識し、遡上していく必要があるのです。

しかし、そんな時間がとれないという方もいらっしゃるでしょう。その場合は、上流ビジネスをおこなっているパートナーと組むことをオススメします。制作業務のみで提案するよりも、上流から制作までのパッケージで提案したほうが単価は上がります。

ただ1点注意です。ここで言うパートナーとは、営業を代行してくれるパートナーではない、ということに注意してください。

上流下流というのは、立場の上下ではありません。あくまでお仕事の役割分担のお話。営業を代行してくれる、つまり立場上優位に立つ（ことが多い）パートナーと組むことはオススメしません。

現業の上流に目を向ける！

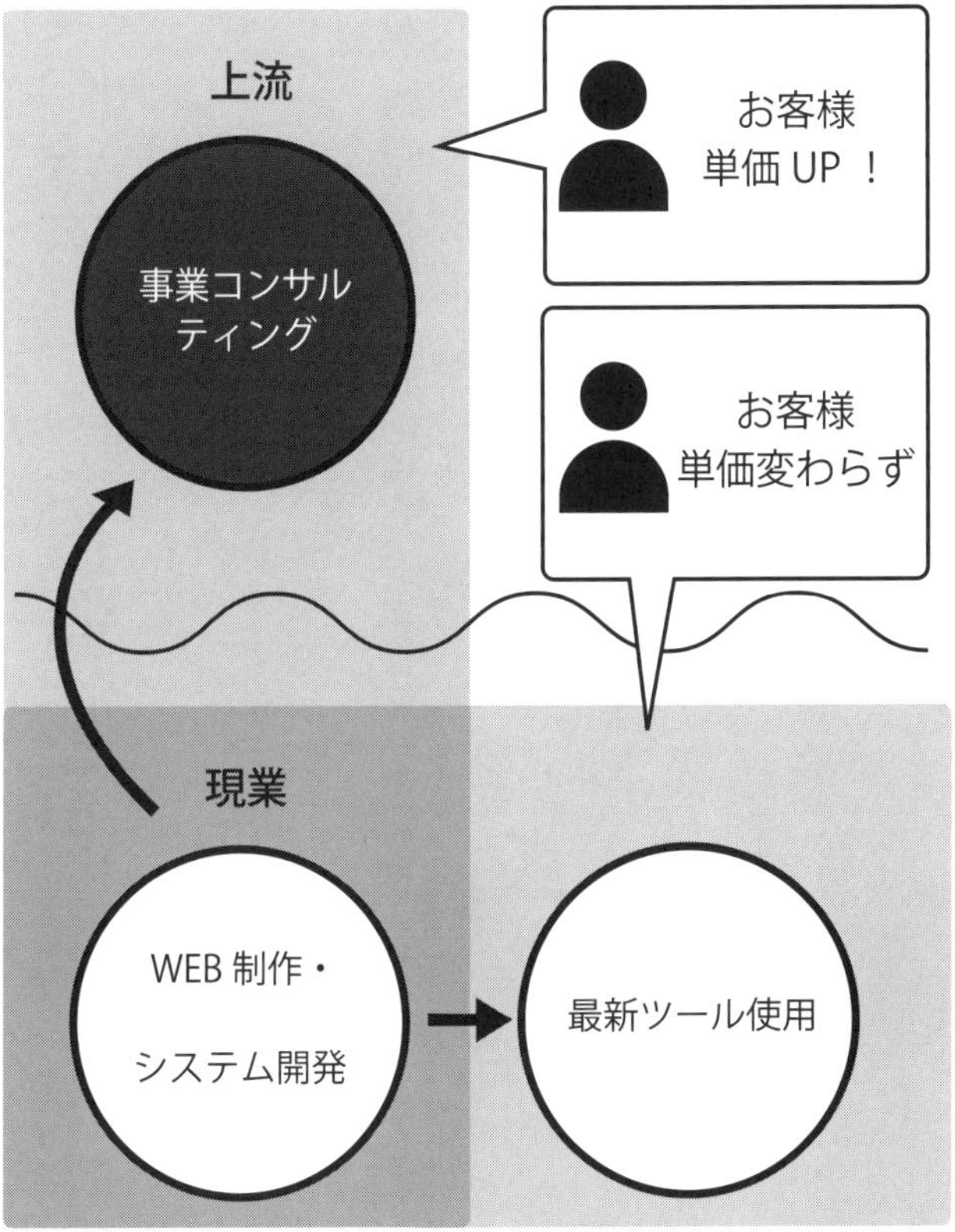

結局、人は「楽しい」に集まり「役に立つ」に投資する

ビジネスモデルを構築する際、1つ覚えておきたいのは、人は楽しい場所に集まり、楽しいものにお金を使うということです。

ＢｔｏＣ（対個人ビジネス）の場合、お客様に「生活費」としてではなく「交際費」「遊興娯楽費」として支出してもらってください。これは、私がクライアントに対してよく言うセリフです。

日用品や食費など、生活必需品は「安ければ安いほうが助かる」と思ってしまうのが人の心理。ですから、アナタが売る商品やサービスが「生活費」というカテゴリのお財布から支出されてしまうと、利益率はガクンと下がってしまいます。

そこで「生活費」以外のお財布から支出してもらうための商品改良、つまりビジネスモデル構築をおこないます。

家庭で使用するトイレットペーパー（生活費・日用品費）ではなく、ちょっとした引っ越し祝いに喜ばれる「こだわり素材で作った贈答用トイレットペーパー」（贈答品費・交際費）にします。

美味しいランチプレート（食費）ではなく、個室でワイワイおしゃべり女子会プラン（交際費）や歌って踊れる「金曜の夜は飲まＮＩＧＨＴ！」（遊興費）を企画します。

ＢｔｏＢ（対企業ビジネス）の場合も同様。アナタの商品が安ければ安いほど喜ばれる「消耗品費」から支出されないよう、ビジネスモデル（商品＆サービス）を改良します。たとえば、自分の商品が贈答品や接待などの「交際費」にならないかなど、商品そのものの販売ではなく、工夫が必要です。商品の効果的な活用方法という研修やセミナーをセットにするなど改良を施し「教育研修費」「研究開発費」として拠出いただけないか。そう考えてみてください。

とにかく企業の場合、**「支出」ではなく「投資」対象になる商品。**つまり、その商品やサービスによって売上利益というリターンを得られるという確信を持ってもらえるように努めることが何よりも重要となります。これを忘れないでください。

お客様は「開拓」ではなく「深掘」する

さてアナタは「5：1の法則」をご存知でしょうか。顧客開拓（売上作り）において有名なこの法則ですが、

新規のお客様を1人開拓するコスト：既存顧客1人と再度取引をするためのコスト

これが5：1になる、というモノです。

実は私、これら「〇〇の法則」と呼ばれるモノに少々懐疑的で、実際に自分のお店で実験をしてみたことがあります。大阪南堀江という場所にあった客単価2000円の飲茶屋でこの実験をしてみたところ……、なんと16：1という結果に。

実は、年々発達するITインフラ（メールやSNS）により、既存顧客へのアプローチコストが激減していたのです。驚愕でした。

ちなみに、新規顧客を1人開拓するコスト、いくらだったと思います？

その額、**なんと8000円！**

客単価2000円のお店に1人、新規で集客するコストが8000円ですよ。


どうしてこれだけのコストがかかったか？

たとえば5万円使って、集客用のチラシを作りました。チラシの制作コスト、つまり目に見えるコストは5万円。

でも、コレだけじゃありません。どんなチラシにするのか、考えている時間。つまり人件費がかかるワケです。

細かなことを言うと、考える場所が事務所であればその時間の家賃や水道光熱費がかかります。

・チラシ用の写真を撮ったり探したりする時間もコスト
・原稿を考えたり書いたりする時間もコスト
・制作会社さんと打ち合わせをする時間もコスト

さらに、でき上がったチラシを保管する場所にも家賃がかかりますし、配布したりポスティングしたりするにもコストがかかります。

また、チラシの反応率をチェックするためのコストもかかりますし、最終廃棄するためのコストもかかります。

つまり、目に見えない時間＝人件費や地代が膨大にかかるワケです。ちなみに、このチラシを配布したりポスティングしたりするコスト、全て金額換算すると30万円ほどかかりました。

チラシだけでなく、ネットを使った広告や看板等も新規開拓コストですから、膨大なコストがかかっていることを忘れてはなりません。そのコストを新規開拓したお客様の数で割ると、前出の８０００円という獲得コストになったというワケです。

では、なぜ私のお店はなんとか黒字で経営できていたのか、わかりますか？

そう、16分の1のコストで来店してくださるリピーターのお客様がいらっしゃったから。８０００円の16分の1ですから５００円ですね。５００円のコストで来店いただき、

2000円の売上を頂戴できれば、利益が出ます。この利益の積み重ねで**新規開拓の赤字を補塡《ほてん》**できていたのです。これが、「黒字」の正体。

つまり、「黒字」というのは、新規開拓の赤字を既存顧客がもたらす利益で補塡できている状態。このことを示します。

逆を言うなら、常に新規開拓で売上を作り続ける状態というのは、目先お金が回ってはいますが、「自転車操業」状態であること。

このことをぜひとも、覚えておいてください。

つまり、新規開拓の赤字を既存顧客の利益でカバーできている状態をいかに作り出すか。お客様を「開拓」し続けるのではなく、**開拓したお客様のリピートをいかに増やすか。**

ここに注力すべきなのです。

そして、そこから生まれる利益で次の「新規開拓」をおこなうことをおすすめします。

お金のかからない営業活動をとり入れる

私の現業の1つが「経営コンサルティング」です。この「経営コンサルティング」のお客様を獲得するため、私がどんな営業活動をしているか、一例をご紹介しましょう。

一定の信頼性を必要とする商品の特性上、DMや訪問営業でのクライアント獲得は困難ですから、営業活動の一環として私はセミナーを実施しています。

【セミナーを実施して、クライアントを獲得するビジネスモデル】

一見真っ当に見えますが、**これだけでは美しいビジネスモデルとは言えません。**なぜならば、セミナーの開催や参加者の獲得をするための「支出」が生じてしまうからです。セミナーをした経験がある方はおわかりでしょうが、このセミナー集客に一番手間やお金がかかるのです。

そこで私は「講演活動」を積極的におこなうようにしました。ここでいう「講演活動」とは、企業や各種団体等、主催者からオファーをいただき、登壇する活動のことを指します。当然、私はひとり社長ですから営業活動は講師派遣会社さんにお任せです。

オファーをいただいての登壇ですから、講演料という報酬を頂戴できますし、かかる交通費や宿泊費などの経費も負担していただけます。

ここで私の講演やセミナーを聞いて、さらに詳しく聞きたいと思っていただいた方には、私が発行する日刊メールマガジンにご登録いただきます。

そのメールマガジンを通して自社で開催するセミナーにお越しいただき、コンサルティングにお申し込みをいただきます。

つまり、**講演料をいただき、諸経費を全てご負担いただきながら、コンサルティングのクライアント候補を発掘する**という営業活動を実施しているのです。お金のかからない営業活動ではなく、**お金を頂戴しながらの営業活動**、ということもできますね。

ちなみに、講演活動の開始時は、全ての案件獲得を講師紹介会社に依頼しました。つまり、私が直接的に支出した営業経費は「ゼロ」です。

教室やセミナー、講座やトレーニング。このような「教育」を有償で提供する活動を営業活動の場とする。この手法は、どんなビジネスにも応用可能です。

目指せ「一石二鳥」ならぬ「一石多鳥」

元来なまけ者の私は「一石二鳥」という言葉が大好きです。

「どうせ何かやるなら、より多くのリターンを得たい」

ずっとそう思って生きてきました。


ことビジネスにおいても同様です。

飲食店立ち上げ時には、個室を防音のカラオケルームにしました。また、先生と提携して防音個室を使った音楽教室を開講。一つの部屋を飲食店、カラオケ、音楽教室と3用途に使用することにより、1部屋あたりの生産性を向上させました。

オフィス用品の販売会社経営に専念していた頃は、商品の納品ついでに何かを回収するビジネスができないかを考え、機密書類処理サービスを新たにラインナップ。

お客様訪問時に従来の販売の売上（納品）と、新サービス（回収）での売上、同じ1社の訪問で手間はほぼ同じです。

その後も大手文具メーカーと業務提携し、販路の共有をしたり、お客様同士のマッチングサービスを有償でおこなうなどの**「一石多鳥」**を実現、労働時間あたりの生産性が飛躍的に向上しました。

私が現在おこなっている「セミナー事業」も同様です。セミナー受講料という売上をいただくほか、コンサルティングの営業活動にもなっていることは、先ほどお伝えしました。

実は、セミナー開催の目的はこれだけにとどまりません。

一石多鳥を狙う

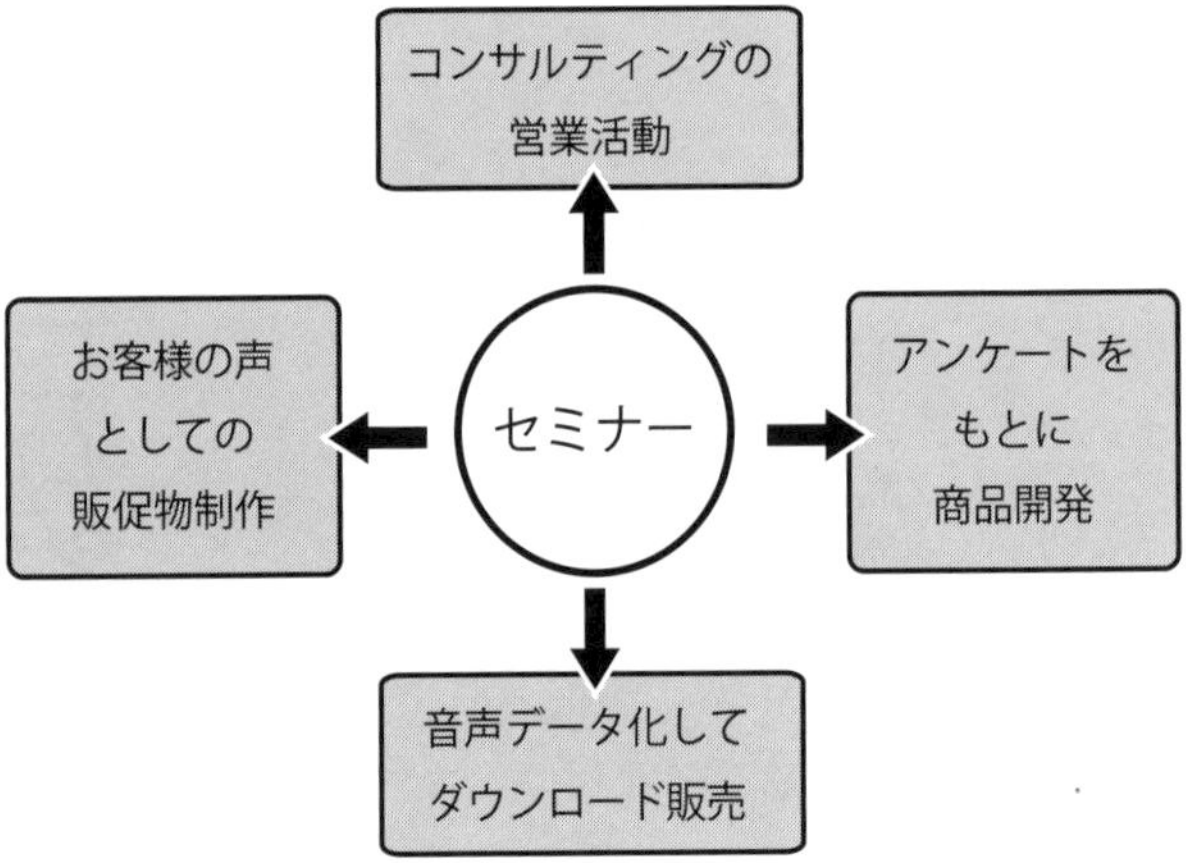

セミナー終了後にいただいたアンケートは、次のコンテンツ開発や、お客様の声としての販促物に利用します。セミナーを収録した音声ファイルは、商品化してダウンロード販売しています。

これが、私の考える「一石多鳥」のビジネスモデルです。私達ひとり社長は、1つのアクションから、できるだけ多くのリターンを得られるよう、考えて考えて考え抜く努力をしなければいけません。

あなたの一挙手一投足に「ついで」の役割を持たせられないか？

ぜひ考えてみましょう。

お客様に「手間」を転嫁すれば喜ばれる?

収益(利益)を最大化するために、最も注意を払うべき対象。それが「固定費」です。特に、設備と人件費。この経費をいかに圧縮できるかで、ビジネスの成否が決まってしまうと言っても過言ではありません。

とはいえ、固定費の削減には限界があります。ひとり社長として独立したのに、生活するのがやっとの給料で働くのは誰しもゴメンですよね。

そこで、**お客様に「手間」を転嫁できる部分はないかな**、と考えるのです。

「お客様に『手間』を転嫁するなんて、とんでもない!」

そう思いましたか?

たしかに、これだけの説明ではそう思ってしまいますよね。では、少し言い方を変えてみましょう。

教室ビジネスにして、作業はお客様に楽しみながらやってもらいましょう。

これならどうでしょうか？

「ホームページ作ります！」ではなく、自分でできるブログ型ホームページ教室を開くのです。

たしかに、制作業務を請け負ったほうが単価が高くなりますが、お金をいただき、感謝されながら、見込みのお客様を集めることができていることにお気づきでしょうか。

お客様自身である程度のホームページを作ることができると、一定割合で「やっぱりプロに任せたほうがいいな」と考えるお客様が出現します。そのお客様は誰に依頼するでしょう？

そう、アナタです。

しかも、教室にお越しいただいている際、そのお客様がなぜホームページを必要としているのかという事前情報も知っています。それに、「ホームページとはなんぞや？」ということを前出の教室で（ぼんやりとでも）理解されているので、制作に関してのやりとりがスムーズです。

ホームページ制作に限らず、「作業」として請け負っていたことを「教室」に変える。つまり「手間」を転嫁することにより、お客様に「楽しい」「役に立つ」と喜ばれながら、未来のお客様を発掘することが可能となります。

そのビジネスが次のビジネスの見込み客を作る

ありがたいことに、全国からお声がけいただき、現在まで1500ヶ所以上で講演会に登壇しました。講演料を頂戴し、交通費等の経費も全てご負担いただいておりますので、この講演活動そのものが十分ビジネスとして成り立っています。

しかし、私のゴールはここではありません。

「講演会で私に興味を持っていただいた皆様に、今度は私が主催するセミナーにお越しいただきたい」

そう考えて行動しています。

年に10回程度、参加料2万円前後のセミナーを開催するのですが、年間300人ほどの方にご参加いただいています。単純に掛け算すると売上が算出できますが、ビジネスとして成立する数字ですよ。

が、これも私のゴールではありません。セミナーにご参加いただいた方の中から、コンサルティングのクライアントを発見し、ご契約を頂戴しています。数十万円から数百万円のコンサルティング料をいただく契約です。これも立派なビジネスです。

いえいえ、まだまだここがゴールではありません。コンサルティングの後、研修というお仕事をお請けすることもありますし、出資をして株主になることもあります。合弁会社を作って共同経営する例もありますし、社内講師の育成に携わらせていただくこともあります。

このように、**ビジネスというのは、次の**

講演を起点としたビジネスモデル

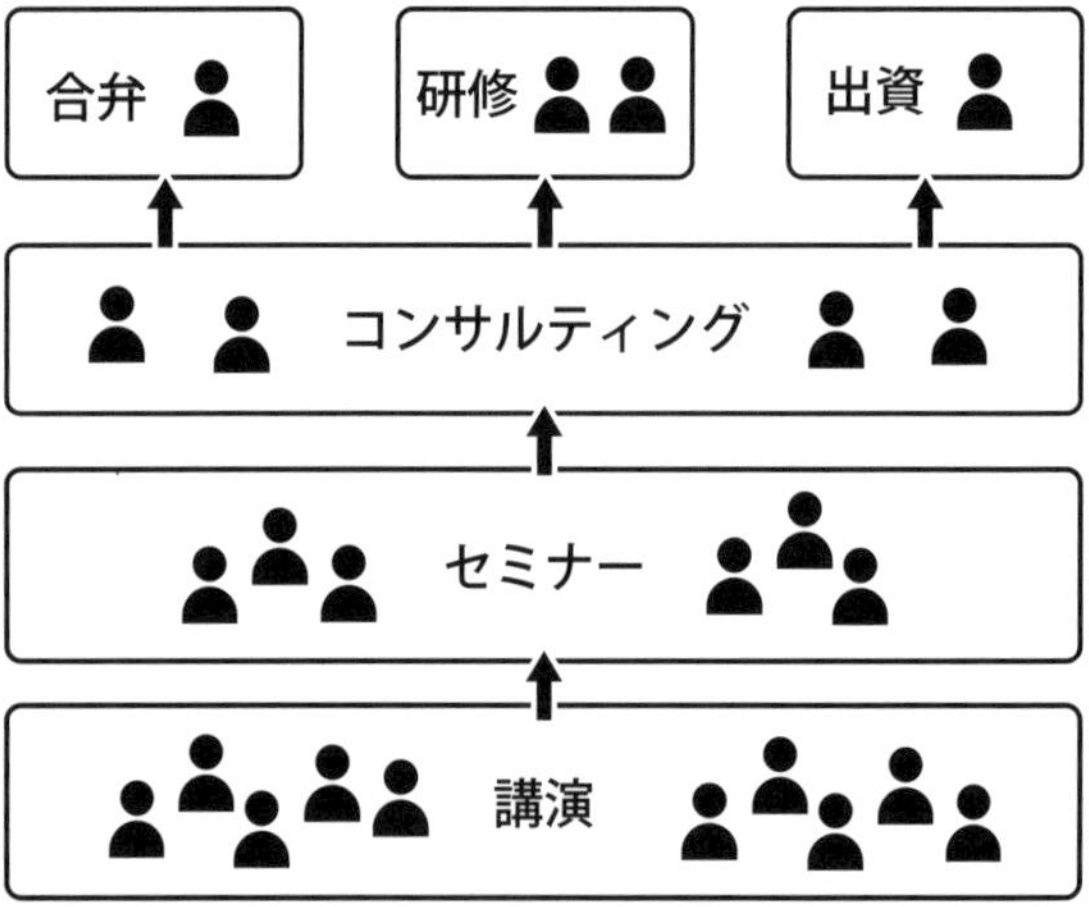

ビジネスニーズを顕在化させるためにおこなうものなのです。
前出『お客様は「開拓」ではなく「深掘」する』にも記しましたが、特にひとり社長ビジネスにおいては、この考え方が重要になります。

八百屋さんが野菜を売るのは、それがゴールではありません。この野菜を売るというビジネスの次に、どんなビジネスを組み込むことができるか。そう意識するだけで、いろいろなチャンスが見えてきます。

「店の横に、ウチの野菜を使ったスムージー屋さんを併設したらどうだろう?」
↓
「で、それを気に入って飲んでくださった方は、自宅でも作りたいだろうから1日分の材料野菜をパック販売したり、教室を開くのも悪くないかもしれない」
↓
「とすると、その後は……」なんて具合になります。

今手がけているビジネスは、次のビジネスのネタ探し。今、手がけているビジネスは、次のビジネスにおける見込み客探し、その意識を持つことが重要です。

「在庫なし・前入金」の商品を作る

私がひとり社長としてビジネスを始めるにあたって、もっとも時間と頭を使って考えたこと。それが、**「在庫なし・前入金」のビジネス**ができないものか、ということです。

なにせ「ひとり社長」ですから、在庫の管理や売掛金の管理をする手間をかけられません。

また、第1章でお伝えしたように、せっかく自由を求めてひとり社長になったのに、売れ残った在庫の処分方法に頭を悩ませたり、期日に入金がない取引先に連絡をしたりなんてことに縛られたくありませんでした。

それから、何よりも起業をする際には「倒産する可能性」を極限までゼロに近づけておきたいものです。

起業が倒産する理由は「お金がなくなったから」というただ1つにすぎません。そのリスクを極限まで下げるためにも「在庫なし・前入金」にこだわって、ビジネスのタネを見つける作業に没頭しました。

そこで私が始めた事業は「講演・セミナー・コンサルティング」。

自分自身が商品になりますから、当然在庫を持つ必要がありません。設備すら必要ありません。現にスタートした時にはパソコン1台だけでした。

自分で開催するセミナーは当然、お申し込み時に受講料をお振込みいただきますので、前入金となります。出版をしたり、ある程度の講演実績ができてきたら次は、講演やコンサルティングについても、基本的に、お申込み書をいただいてから実施日までの間にお支払いいただく前入金のかたちをとりにいきます。


資金繰り悪化を防ぐには？

「在庫なし」と「前入金」にこだわろう！

これで、**倒産しにくい会社**のでき上がりです。

繰り返しになりますが、企業をピンチに陥れる大きな要素が「資金繰り悪化」です。その中に含まれる「在庫リスク」と「売掛未収リスク」、この2つをクリアしておくだけで、経営者は安心して本業に邁進することが可能となるのです。

小売の場合は「受注発注」、サービスの場合は「予約前金制」など、できるだけ「在庫なし・前入金」が実現できるよう、ビジネスを組み立ててみましょう。

ビジネス構築の際に譲渡か売却を意識する

先にも述べましたが、私達「ひとり社長」がフリーランスと異なる点、それは法人経営者であるということです。自分という存在とは切り離された法人が株式会社であれば、いざという時、譲渡や売却が可能となります。

こんなことを書くと、

「自分で作った会社を売るなんて！」

「愛着を持って大切に会社を成長させていくのが経営者だろ！」

なんて声が聞こえてきそうですが、ちょっと待ってください。その考え方に異論があるわけではありません。たしかに、自分の想いが詰まった会社をしっかり育てていくという考えに異論はありません。

しかし、もしアナタが何かの理由でそのビジネスを存続できなくなった場合、どうなりますか？

家族の問題、健康の問題、お金の問題。人生にはまさかのトラブルがつきものです。もしもフリーランスとして働いていたら、これらトラブルの発生とともにビジネスの継続が不可能となり、収入が途絶えてしまうことになります。

というワケで、私がオススメしているのが「譲渡・売却を意識したビジネス」を作っていきましょう、ということです。

つまり、**アナタというひとり社長の能力に依存せず、ビジネスモデルでしっかり収益を生み出せる仕組み**を作る、ということです。

たとえば、私がひとり社長として経営するコンサルティング会社。コンサルタントという属人的要素が強い業務は、私が抜けた瞬間に機能しなくなってしまいます。

その一方で、外部講師の方にお願いした講座の運営や、ＦＣ権を購入したロイヤリティ収入の確保など、私という存在に依存しないビジネスモデルを構築してあります。

講師養成&紹介ビジネスを手がける（ひとり社長）会社も、私がいなくても回る仕組みをしっかりと構築しています。

『ひとり社長＝エースで4番』というビジネスモデルが多いですが、これは危険。外部のパートナーや仕組みをしっかり活用し、**エースで4番ではなく監督**になるよう、知恵を絞ってみましょう。

第4章

ひとり社長の営業戦略

心理学で読み解くお客様の思考

商売をする上で、必ず覚えておきたいことがあります。それは、**「人は経済合理性では動かない」**ということです。経済合理性というのは、簡単に言ってしまうと「人は、自分にとって最も経済的利益の大きい選択をする」ということです。

この、経済合理性は非常にやっかいなものとなります。

多くの人が「経済合理性」を追い求めた価格設定や、サービス拡充をしてしまうのですが、これが利益の出ないビジネスの始まりになってしまいます。

ここで1つ例をあげます。

まったく同じ商品を売っているお店が2店舗、並んでいるとしましょう。ディスプレイやその他条件も全く同じですが、Aのお店は100円、Bのお店は80円でその商品を販売しています。

さて、どちらのお店の商品がよく売れると思いますか？

「そらぁ、安いお店のほうがよく売れるでしょ」

そう思った方、ちょっと待ってください。

たとえば、Aの（20円高い）お店、店主が昔からの仲のいい知り合いだとします。2カ月前に体調不良で入院してしまったが一昨日、無事退院されて今日からお店に復帰しているという情報をあなたは聞きました。そんなお店だったら、どうなります？

また、逆もありますね。Bの（20円安い）お店。店主がどうもソリの合わない、感じの悪い人だったらどうなります？

極端な例えではありますが、これがビジネス現場で起こる「経済合理性」を無視した人間の行動なのです。

では、なぜこんなことが起こるのでしょうか？

それは、**人の最終決定は「感情」によって行われる、**という原則があるからなのです。

先の商品の例で言えば、商品の価格差（経済合理性）よりも「祝福」「好き・嫌い」という感情で行動を起こした、ということになります。

私が「ビジネスは心理学である」とお伝えしているのは、このようなところから来ています。

つまり、アナタは「どこよりも安く」「便利に」「早く」という経済合理性を追求するよりも、**アナタから買いたいという感情をお客様に持ってもらうこと**のほうが重要です。ここに全力を傾け、適正価格で商品を購入していただく戦略を立てる必要があるのです。

100円のお客様も10万円のお客様も営業コストは同じ

突然ですが、質問です。

消しゴムを1個販売するのと、ダイヤの指輪を1つ販売するの、どちらが難しいと思いますか？

ここで、「そらぁダイヤのほうが難しいだろ」と思われた方、要注意です。

たしかに、世の中のニーズで言えば、消しゴムの方が圧倒的に多いはずですから、欲しい人を見つけるのは簡単です。

しかし、そんな単純な話ではありません。

では、多少の差はあれど、営業や販売の手順という観点から考えると、いかがでしょう？

欲しい（であろう）お客様を見つける

↓

その人に見つけてもらう、アプローチする

↓

買っていただく

このように、全く同じです。

つまり、買っていただくためにやるべきことは、100円の商品も100万円の商品も変わらないのです。

たしかに新規開拓の際、商品が高額になればお客様がどこに居るのかを探す手間が多かったり、商談が長くなるのがほとんどです。

しかし、**価格が1万倍だからといって、手間が1万倍かかるワケではありません。**

また、先にも述べたとおり「お客様を開拓するのではなく、深掘する」というリピート重視の営業販売をおこなうことにより、そのコストは限りなく同額に近づきます。現に、私が販売する5000円のセミナーと、50万円の講座の販売コストは（ほぼ）同額になっています。

世の中のニーズが多い分、「売りやすい」と思って安価な商品を販売しようと取り組まれる方が多いのですが、ちょっと待ってください。商品が安価ということは、利益額も少なくなります。

つまり「売りやすい（と思ってしまう）商品」でしっかり利益を出すには、個数をさばく必要があるのです。

ネットを活用した便利なシステムがたくさんある現在とはいえ、お客様からの問い合わせ対応、納品や入金の管理という仕事は、お客様の数に比例して増えていきます。

私達「ひとり社長」は、売りやすい（と思ってしまう単価の低い）商品を売りまくるのではなく、**勇気を持って利益額の多い商品を開発もしくは選択し、販売すべき**なのです。

あなたがもし、商品開発から着手する場合「利益額の多い商品」を作るコツを1つ。ぜひ**「モノ＋サービス」の商品を作ってください。**

「モノ」には原価がかかりますが、「サービス」にはモノほどの原価がかからず、高利益率商品化が可能となります。

・飲食店として、ひとりあたり3000円の飲食代を頂戴するだけでなく、パーティーの演出など企画を請け負う
・アパレルとしてスーツの販売をするだけでなく、パーソナルスタイリストのサービスを加える

こんな感じでモノとサービスを組み立てていくのです。

営業のやってはいけない！ 5つのジリ貧営業

【その1】 戦略なき目玉商品集客

私には、過去やってしまったビジネスのトラウマがあります。
20代の頃、飲食店を営んでいたのですが、思うようにお客様の数が増えませんでした。何かこの状況を打破する販売促進はないものかと考えた末、生ビールを100円に設定。今まで見たこともないくらいのお客様でお店は連日大入り満員。

しかし、翌月の集計を見て愕然としました。**お客様の数は7倍に増えているにもかかわらず、赤字が100万円近く増えていた**のです。にわかに信じられない数字だったのですが、伝票を見て現実を突きつけられました。

お客様が頼まれるドリンクの9割近くが生ビール。しかもおひとりさま5杯以上がザラ。

なかには10杯以上飲まれる方も。

それまで自店では、ビールを飲まれるお客様の比率が3割程度でした。残りのお客様は焼酎や日本酒、ソフトドリンクなどを飲まれていましたので、「3割のビールが赤字でも、残りのドリンクでカバーできる」。加えて、「ビールが安いぶん、フードが伸びるはず」そう思っていた私に待っていたのは、残酷な現実でした。

お客様3名でご来店、ビール合計19杯と、フードは枝豆と漬物盛り合わせのみ。
お客様8名でご来店、ビール合計42杯と、フードはポテトフライと枝豆を2つずつ。

ようは、ビール好きのお客様が、ビール目当てに私のお店に押しかけてくださったということです。しかも、食事は他のお店で済まされ、2次会、3次会のビール祭りに私のお店をご利用くださっていたということだったのです。

たしかに、ご利用くださったことで、お店の認知度は上がったと思うのですが、**ビール**

100円を止めた途端、このお客様のほとんどが一度もご来店くださいませんでした。

当然、その後の戦略を用意していたわけではありませんから、私のお店に残ったのは大量増員したアルバイトスタッフの給与支払いと、「アレ？ビール100円じゃないの？」と怪訝な顔をされるお客様達でした。

大規模な戦略展開ができない、私達ひとり社長にとって「安売り」は禁じ手です。価格で訴求するのではなく、**価値を理解してくださる少数のお客様としっかり向き合う、**やはりこれしかないのです。

【その2】相談や見積りの無料大開放

前項の「目玉商品の安売り」と似ているのが、この「無料相談」。「初回相談料無料！」や、「お見積り無料！」という作戦です。どうでしょう？

初回のお客様相談や、見積書や提案書、これらは無料で提供するもの、されるものだという認識になってしまっていませんか？

この感覚が抜けないまま、ビジネスを開始するのは本当に危険ですと、断言しておきます。

では、何が危険なのか？

これもまた私の痛い痛い失敗例でお伝えしましょう。

私がシステム開発の会社を経営していた頃の話です。

ある日、ホームページからお問い合わせをいただきました。私達のホームページには当時「お見積り無料・お気軽にお問い合わせください」となんの疑いもなく書かれたままでした。

そんななか、一件お問い合わせが来ます。

お問い合わせ内容は、「ネット通販を始めたいので、販売ページと注文処理のシステムを作って欲しい、コストはどれくらいかかるのでしょうか？」というものでした。

システム構築について、おおよそとはいえお見積りを算出するには、まず「どんなシステムを作るか」を明確にすることからスタートとなります。

当然、そのためにお客様との打ち合わせをしたり、ある程度の設計試算が必要になります。結局、そのシステムのお見積書と提案書を提出したのが、お問い合わせから1カ月後。で、お客様からのお返事が「**いやぁ、予想より金額がかかりそうなので、やめておきます**」。

1カ月の間、打ち合わせをしたり、資料を作成したり、アレコレ作業したのに、当然売上はゼロ円です。この労力が無駄になってしまいました。

ですから、ひとり社長は絶対にこれをやってはいけません。一気に資金が枯渇してしまいます。

というわけで、私は現在「システム開発」や「デザイン」、「コンサルティング」など、単価が明確ではないビジネスにおいて、全て「見積りは有料」でご対応させていただいております。

打ち合わせをしたり、必要な資料を読み込んだり作成したり、調査したり設計したり……。見積書と提案書を作成する前段階のコスト発生作業について、数万円の見積料や調査費を頂戴する旨、お伝えしています。

すると、ホームページや紹介などでのお問い合わせ件数が、5分の1程度に激減しました。

しかし、売上や利益はグンと増えています。なぜなら、前回まではお問い合わせからの成約率が30%前後だったのに対し、現在は有料のお見積り（＝本気の検討）からの成約率、ほぼ100%になっているからです。

本当に購買意欲があり、買う前提でお問い合わせをしてくださる方のみに、全力でお応えする。これがひとり社長の必須戦略です。

【その3】安全地帯からの投石営業

ひとり社長というと、SNSのメッセージを一斉送信したり、頂戴した名刺のメールアドレス宛に案内のメールを出しまくったり、DMを出しまくったりといった営業を思い浮かべる人も少なくないでしょう。

私はこれらを勝手に**「安全地帯からの投石営業」**と呼んでいます。

つまり、断られるダメージを限りなくゼロにするため、顔の見えない相手に無差別営業をかけるやり方ですね。SNSなどネットツールが発達した昨今、誰しもが簡単に取り組めるようになりましたから、この手法で営業をしてしまう人があとを絶ちません。

このやり方、たしかに相手に直接目を見て断られることもなければ、怒られることもありませんから、とても気が楽です。

しかし、断言しておきます。この手法は、**もっとも効率が悪い営業手法であり、最も信用の毀損を伴う営業手法**です。だから、絶対におこなわないで欲しいとさえ願っています。

なぜダメなのか論じるまでもなく、アナタが消費者の立場として考えればすぐ理解できますよね。SNSで友達申請が来たので承認したら、すぐに商品案内のメッセージが届いた。

以前、交流会で名刺交換したきりの人から突然メールでセミナーの案内が送られてきた。

さぁ、どう思いますか？

アナタが1000人にこの投石をしたとすると、その1000人の人がその感情を持つわけです。

ただ、１０００人の人が目の前に居るわけではないですから、リアクションは見えません。これを数回繰り返すと、どうなると思いますか？

私には恐ろしくてとてもできません。

そもそも、営業というのは「投石」で狩りをすることではありません。信頼関係を築き、アナタから買いたいとお客様のほうから飛び込んで来ていただく、そんな環境を作る活動です。

【その４】異業種交流会でのグイグイ営業

あちこちで開かれている、異業種交流会。これはその名の通り**「交流会」であり、「商談会」でもなければ「展示会」でもありません。**

交流会イベントの一環として「商談会」「プレゼン会」が催され、そこに出店出品するのであればまだわかりますが、単なる異業種交流会（○○パーティーなど）で積極的に営業をすることは、避けたほうが無難です。

あくまでこの場は「交流」を主目的にしている集まりです。ついついまわりにいる人々が見込み客に見えてしまい、会の趣旨と異なる行為をしてしまう人をよく見かけます。

しかし、こういう人が1人でも紛れ込んでしまうと、純粋に交流を求めて来た人が不快感を感じ、次回から参加を見送るようになります。結果、その交流会は衰退していきます。俗に言う、参加者全員が「買ってほしい」アピール全開の異業種交流会になってしまうのです。

そのような理由で、主催者も「会」の趣旨と違う営業行為をする人を好ましく思いません。主催者にそのような印象を持たれてしまっては、売れるものも売れない状態になってしまいます。

今はほとんど参加することがなくなりましたが、私にとって異業種交流会というのは経営者同士で経営者ならではの話に花を咲かせることができる社交場です。その場で新製品がどうのとか、キャンペーンがどうのとか話すのは無粋ってもんです。

仲良くなってしばらく経ってから「そういえば○○さんってどんなお仕事してるの?」って聞かれるくらいがちょうどいいです。実際、その流れでお取引に至った企業さんとは、もう15年ほどおつき合いが続いています。

異業種交流会というのは、同じ立場の人ならではの話ができる社交の場。決してセールスの場ではありません。

【その5】超！下から目線営業

仕事（売上）が欲しいあまり、ついついやってしまいがちなのが**「下から目線」の営業**。つまり、お客様が上、自分が下というポジションを自ら作ってしまう営業スタイルです。

最初のうちはこれで仕事が獲得できるかと思いますが、絶対に長続きしません。私の失敗談をご紹介しましょう。

システム開発の会社を経営している時の出来事です。売上が欲しくてたまらなかった私は、ある大手企業の案件に飛びつきました。担当者は入社数年目、私と同い年くらいの青年でしたが、もう私は「超下から目線」で「ハハーッ！」って感じです。

大手企業さんですから、大満足の金額で受注できたのですが、納期を提示したら、短縮を要請され、私は「がんばります」と答えて必死の徹夜続き。やっと納品が終わり、次の案件をまたもや下から目線の「ハハーッ！」で受注。このあたりで、下から体質が当たり前になってしまい、自身も先方もエスカレートし始めます。

ある金曜日、突然の仕様変更が決定し、急遽《きゅうきょ》設計図が必要になりました。いつもの下から目線で「うちが作りますよ」と申し出たところ、「じゃあ月曜日朝までにお願いします」と先方。

はい、これで完全に力関係のでき上がりです。そこからの私は**24時間365日対応の人**となってしまったのです。

まぁ、この場合は相手が大手企業さんで予算があったこと、担当者さんと年齢が近く、いろいろと気を遣ってくださったことなど、救われた面も多々ありました。

しかし、上下関係ができ上がってしまうとロクなことがありません。

なにより、**自身のマインドが「下請け根性」になってしまう**ことが一番の恐怖です。仕事は相手の言い値で、相手の都合にあわせてお請けし、納品させていただく。ひとり社長は、絶対ここに陥っちゃいけません。下手したら一生戻ってこれなくなりますから。

売り込むと売れない　その時、目の前にある工夫

私がこの原稿を書くために使っているパソコン、先ほど書類をスキャンしたスキャナー、今座っている（長時間座っていても疲れない）オフィスチェア、この執筆をしているオフィス。

仕事をするにあたって、必要不可欠なアレコレですが、セールスの電話がかかってきたり、営業の方が訪ねてきて「買ってください」と売り込みがあったもの、実は1つもありません。

全て、私が必要なタイミングで必要な情報を得て、購入（契約）に至ったものばかりです。

人は「売り込まれる」ことにネガティブな印象を持ちがちですので、本当にバッチリのタイミングでの提案以外、反射的に断ってしまうことがほとんどなのです。

以前、販売価格が100万円以上するOA機器の販売をしていたことがありますが、営

業提案したその場所で即決してくださったお客様は１００社に１社（数カ月に１社）というレベルでした。アポイントをとれた企業が１００社に１社程度ですから、実に１万分の１という確率です。

高単価の商品かつ、組織での営業をするならまだしも、私たちひとり社長がこの営業戦略をとるのは少しリスクが高すぎます。

ということで、私がオススメするのは「プッシュ（押す）」の営業ではなく「プル（引く）」の営業です。**お客様が「欲しい」と思った瞬間、目の前にアナタの商品案内がある仕掛け**を構築していく。売り込まずして売る、という営業戦略です。

このプル型営業を実施するために、まず考えていただきたいことがあります。それはアナタの扱う商品を、いつ、どこで必要とするのかということです。

見覚えありませんか？

水道設備工事屋さんが配布しているマグネットシート。「水のトラブル１１０番！」と書かれた電話番号入りのマグネットシートです。

私の実家の冷蔵庫にも、このマグネットが貼られていました。これがまさに、いつ、どこで必要とするかを考えられたプル型営業のツールです。

マグネットが貼られた冷蔵庫は、台所の流し台の近所にあります。流し台で水のトラブルが発生したとき、ぱっと目に入ったマグネットシートの電話番号に電話をかけるという導線を狙ったツールですね。

このように、アナタのお客様は、いつ、どこでアナタの商品を必要としますか？

もしくは、思い出そうとしますか？

プル（引く）型の営業ツール

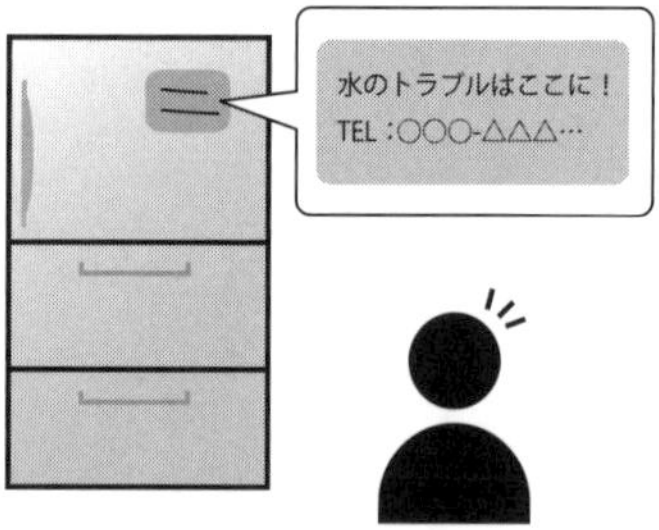

お客様から来る導線は何か考えよう

その場所にアナタのことを連想するツールがあれば、プル型営業の成功確率がグッと高まります。

私が経営していた居酒屋では、筒型の大型灰皿を作って、工事現場や企業の喫煙所に配布していました。ここまでお読み下さったアナタなら、なぜだかおわかりですよね？

でも、売らなきゃ売れない 売り込まずして売る

前項で「売り込んでも売れない」と書きましたが、**「売ってはいけない」ということではありません。売り込んでも売れませんが、売らなければ売れない**のです。なんだかとんち問答のようですが、これが事実。

ただ、ここで言う「売る」というのは「売り込む」行為とは少し違います。「売る」行為のメインは「売っているということを認知してもらう」という目的でおこないます。

私が経営していた飲食店で、ある日お客様に「あ、このお店って貸し切りできたんだ」とお声がけいただきました。

「あっ！」と思った私は、翌日から店内に『15名様より貸し切りＯＫ！』と張り紙をし、以降、ポツポツと貸し切りの予約をいただくことができました。

これが私の考える「売る」という行為です。

つまり、それまでのお客様は、うちの店が「貸し切りサービス」という商品を売っているということを認知されていなかったわけです。

その認知をしていただく行為、これが「売る」という行為。お客様の頭の中で「あ、そういうこともやってるんだ」という発見と以降の認知を作り出す行為のことなのです。

先の私のお店で言うならば、貸切営業の当日、店先に『本日貸し切り営業のため22時よりオープンします』という看板を立て、その下に『15名様より貸し切りＯＫです♪』と表記したり、ある日のブログに『本日は貸し切り営業で大盛り上がりしていただきました』なんて記事をアップしてみたりしました。

「貸切営業やってます！　どうですか！」と直球で「売り込む」のではなく、貸し切り営業を実施しているという認知を事例を使って広めていく。この行為を繰り返すのです。

現在も、守秘義務を侵さない範囲で、コンサルティングの模様をさまざまなメディアで発信しています。これを見て「あ、こういうこともやってるんだ」と認知してくださるお客様からお問い合わせをいただくことに成功しています。

これが「売らずして売る」という戦術です。情報発信の技術については後述しますね。

お客様が「買わない」理由の第1位とは？

先日、出張先で実際にあった出来事です。その日はどうしてもカレーが食べたい気分でした。ランチタイムに見知らぬ街をブラブラし、一軒の喫茶店を発見しました。お店の前に張り出されたメニューにもカレーの文字がありました。

しかし、私はそのお店に入ることなく、お隣のお蕎麦屋さんでお蕎麦を食べることに。

さて、何が起こったと思いますか？

実はその喫茶店、入り口ドアを含め、窓が1枚もなく、店内の雰囲気がまったくわからなかったのです。大きな荷物を持っていた私は、「店内が狭かったらどうしよう？」「お客さんがたくさんいて邪魔になったらどうしよう？」と頭の中に不安と迷いが生じたのです。

一方、隣のお蕎麦屋さんはたくさんの窓から店内が見えていました。

「あ、今は店内の状況があんな感じだから、あの席に座って食べればいいな」ということがパッとイメージできたのです。

これが、カレーを渇望していたのに、お蕎麦屋さんに入った私の偽らざる意思決定です。つまり、お客様は、たとえそれが欲しいと思っていても、それを手にするまでの自分の近未来がイメージできない場合、購入を躊躇《ちゅうちょ》（ときに中止）してしまうのです。

だからアナタは、商品やサービスのアピールをするのと同じくらい、その商品を手にするまでのお客様の近未来を**「自己投影」**してもらうために尽力しなければいけません。先の喫茶店で言えば、窓を作るのは難しいとしても、看板に店内の写真が1枚あるだけで変わっていたことでしょう。この「自己投影」ができないが故に、その商品をあきらめてしまうお客様、想像以上に多数いらっしゃいます。

ひょっとするとアナタも最近、欲しいと思っていたけど購入を見送った商品があるかもしれません。その理由、コレじゃないでしょうか？

繰り返しになりますが、とにかく手に入れるまでの道程を「自己投影」できるための十分な情報提供、これが成約率に大きく関わってきます。

私が提供しているコンサルティングというサービスも同様ですね。コンサルティングの内容をお伝えするのと同じくらい、お問い合わせをいただいてから、どういうやりとりを経て、どのタイミングで契約や入金をいただき、どこでどのようにコンサルティングを実施していくのか。これを事前にしっかりとお伝えすること。これが重要になるのです。

また、それを伝えるための文章、言葉のテクニックを次の項目で3つほどご紹介しましょう。

アナタのトークや、ホームページ・パンフレット・ＰＯＰなどの文章表現を、ぜひ見直してみてください。

自己投影テクニック

●さらば形容詞

美味しい・楽しい・素晴らしい・美しい。これら形容詞は「主観の言語」と呼ばれ、あくまでその言葉を発する人の感情をあらわした言語です。この**主観の言語は、相手の頭の中に明確なイメージを作り出すことができません。**つまり、自己投影しにくい言語なのです。

私が「これ、美味しいですよ」とアナタに伝えても、アナタは無意識に「一圓の美味しいと、自分の美味しいは同じではない」と認識しますから、私が発した「美味しい」のイメージを頭の中で再現できないのです。

しかし、形容詞というのは非常に使い勝手のよい言語ですから、チラシやホームページ、口頭の言葉でもついつい多用してしまいます。

さぁ、どうでしょう？

チラシやパンフレット、ホームページに「形容詞」ありませんか？

実はこの「形容詞」表現には、自己投影しにくいというデメリットの他に、もう1つデメリットがあります。それは、**お客様満足度が下がってしまう**という恐ろしいデメリットです。

たとえば「素晴らしい休日を」というコピーで、旅行商品を販売したとしましょう。この中で使われる「素晴らしい」という形容詞、売り手とお客様で違うイメージを持ちかねません。

売り手としては、のんびり何もしない休日が「素晴らしい」と思って、この表現を使ったとしても、お客様にとっての「素晴らしい」がこれと一致するとは限らないのです。ひょっとすると、『効率的にあちこち見て回る＝素晴らしい休日』かもしれません。

すると、お客様からの評価としては、あの商品はイマイチだったと、なりかねないのです。

これらが、ビジネスの現場において、形容詞を使用しないほうがいい理由です。

また、形容詞と同様にキレイ、安全、たっぷりなどの「形容動詞」、イキイキ、キラキラ、ゆったりなどの「副詞」の曖昧な主観表現にも気をつけましょう。

●客観的事実の表現を心がける

前項で、主観の言語である「形容詞・形容動詞・副詞」の使用を控えましょうとお伝えしましたが、そのかわりに使用をオススメするのが**「客観的事実の表現」**です。この中で最もオススメするのが「数字」での表現です。

10メートル、1リットル、100キログラムといった数字という表現は、誰の頭の中にでも同じイメージを抱かせることができます。

コンビニが近いではなく、コンビニまで歩いて3分。ボリュームたっぷりの朝食。ではなく、選べるおかず30種類のような表現です。

「美味しい」を表現するとすれば、100名のお客様アンケートで、堂々の1位とか、95%のお客様が1位に選んだ商品という感じでしょうか?

とにもかくにも、数字という客観的事実の情報で表現できないかを考えてみるといいでしょう。

ただ、残念ながら数字も万能ではありません。「広い」という曖昧表現を排除して、45ヘクタールという数字表現にしたとします。このヘクタールという単位、多くの人が一般的に使う単位ではないため、自己投影がしにくいですよね。

このように、**一般的ではない単位が出てくる場合は「誰もが知っているもの」に置き換えて表現**しましょう。

たとえば、広さを表す際によく用いられるのが「東京ドーム○個分」といったもの。東京ドームの正確な広さを知っている人は少ないでしょうが、野球場が○個という感覚的な広さは十分伝わります。

その他、ビタミンCが○ミリグラムと言われてもぱっとイメージしにくいので、レモン○個分という表現を用いたりしますね。

曖昧表現は避けて、数字で表現してみる。

・数字にしたとき、一般的ではない単位が出てきた場合には「固有名詞＋数字」で置き換えてみる

これだけで、アナタが伝えたいことを、そのままお客様の頭の中にイメージしてもらうことが可能となります。

●主語に注意

曖昧表現を避ける他、自己投影を促す効果的な表現をもう1つお伝えしましょう。

ある家電小売店で実験をしました。同じ商品（小型音楽プレーヤー）を、それぞれ同じ形のワゴンに入れて、同じ価格で販売しました。販売条件は全て同じですが、そこに掲示したPOPが異なっています。

・Aのワゴンには「お気に入りの音楽を、いつでもポケットの中に」と書かれたPOP
・Bのワゴンには「業界最小サイズを実現！驚きの軽さ」と書かれたPOP

この2つを掲示しました。

1カ月ほどその状態で販売したところ、売上個数には3倍の開きが。

どちらが多く売れたかと言いますと、はい、前者Aのワゴンです。

同一条件での販売、ＰＯＰに書かれた文章のみが売上の差を作ったワケですが、このＰＯＰの違い、おわかりでしょうか。

ＡのＰＯＰ「お気に入りの音楽をいつでもポケットの中に」の主語はお客様。ＢのＰＯＰの主語は「商品」になっています。

「お気に入りの音楽をポケットの中に」という、主語が自分（お客様）になった文章を読んだお客様は、『ポケットの中に入るのか、じゃあ……』というように、使用しているイメージを膨らませることができます。

一方、「業界最小サイズを実現！」という文章を読んだお客様は、ここまでイメージを膨らませることができません。この自己投影レベルの差が、購買率の差になるのです。

どうしても商品を販売したい時、商品を主語にした解説が多くなってしまいますが、この**主語を「お客様」に変換**しましょう。

「この商品は……」という意の文章ではなく、「この商品を使用したお客様は……」という意の文章に。

早速ホームページやパンフレットの見直しをしてみてください。文章だけではありません。プレゼンや営業のトークも、常に主語は「お客様」で進めましょう。

お客様は4つのステップに分類する

さて、これまで、時間もリソースも限られる「ひとり社長」がいかに効率的に営業（売上獲得）していくかをお伝えしてきました。

しかし、それだけではまだ不十分です。今までお伝えしてきたことは、どちらかと言えば「営業戦術」。どのように顧客を開拓するかの具体的手法についてのお話でした。

ここでお伝えするのは「営業戦略」の部分です。具体的手法というよりも、一度お取引が始まったお客様との**生涯取引額**（ＬＴＶ：**Life Time Value**）をいかに高めていくかという戦略について。また、営業すれば営業しただけ、お客様が増え続ける（逓増する）戦略について、お伝えします。

この戦略を持たずして営業するのは、まさに狩猟型営業。素晴らしい武器（戦術）を持っていても、常に獲物を探し求める必要に迫られてしまいます（お客様を「獲物」と称するのはいかがかと思いますが……）。

常に獲物を探し求めてウロウロする必要がありますし、最悪の場合、獲物が目の前に現れず、収穫ゼロという憂き目にもあってしまいます。

お金や時間といったリソースに限りがあるひとり社長は、**狩猟と農耕を組み合わせた「営業戦略」**、営業すればするほど、お客様が積み上がっていく戦略を持っておくべきなのです。

そのために私が実践していること、それはお客様を4つのステップに分類し、それぞれのステップに応じた営業活動をおこなうということなのです。

ステップ1：見込み見込み客を売上とともに獲得する

このステップは、将来アナタのお客様になって下さる可能性のある方、俗にいう見込み客の方々を発掘し、本来販売したい商品の一歩手前に位置する**「プレ商品」を購入していただくこと**を目的とします。

いきなり「本丸」の商品を販売してしまう方が多いのですが、必ずその「本丸」商品のプレにあたる商品を作って、それを購入してもらうようにしてください。

というのも、お客様は「失敗したくない」と思っていらっしゃいますから、いきなり「『本丸』の商品を購入して失敗したら嫌だな」と感じていることがほとんどです。

そこで、そのお試し版とも言える「プレ商品」をご購入いただき、次のステップに進んでいただくのです。

たとえば、私が提供している経営コンサルティングという商品があります。このコンサルティングはいわば「本丸」の商品になるのですが、もし購入検討する立場ならどうでしょう？

いきなり何十万円もするコンサルティングに申し込もうと思うでしょうか？

そのため私は、「セミナー」というプレ商品を用意しています。セミナーにご参加いただき、学びを得ていただくとともに、私の理論や実績、人柄等を判断いただくのです。

ここで重要なのは、セミナーが**有料商品である**ということです。あくまでセミナーは代金を頂戴するプレ商品であり、配布するサンプルではありません。

お試しと聞くと無償配布をイメージする方が多いのですが、無償配布したものには（残念ながら）価値を感じてもらえないことが多く、その後の「本丸」商品につながる確率がガクンと低下してしまいます。

必ず、無償配布のサンプルではなく、有償提供のプレ商品を準備してください。

また、このプレ商品は1つに限る必要がありません。たとえば私の場合、セミナーというプレ商品をお買い上げいただいた方向けに「スポットコンサルティング」という、これまた「本丸」商品のプレ商品にあたるサービスをご提供しています。

つまり、セミナーがプレプレ商品、スポットコンサルティングがプレ商品、コンサルティングが本丸商品という位置づけになっています。

コンサルティング等の無形サービスのみならず、物販等の場合も同様です。本丸商品の前にプレ商品をお買い上げいただく。このステップを忘れないでください。

ステップ2：新規新規開拓とはリピーター作り

お客様が増え続ける（逓増する）営業戦略に、お客様のリピートが欠かせないのは、言うまでもありません。その顧客リピート戦略で最も重要なのがこのステップ、新規開拓になります。

多くの方がリピーター作りで失敗する理由があります。キャンペーンや割引などでガサッと投網を投げるかのごとく本丸商品を叩き売りし、その人達をリピーターにしようと頑張ってしまうのです。

前出、私が致命傷を受けた生ビール100円キャンペーンの話を思い出してください。「誰でもいいから買ってください！」という策で集めたお客様のリピートを獲得するには、生ビールを100円にし続けるしかありません。その先に待ち受けているのは、まさに地獄絵図。よほどの資金力と体力がない限り、この手法での新規開拓はオススメしません。いや、ひとり社長は絶対にやってはいけません。

ひとり社長の新規開拓は「投網」ではなく「一本釣り」でおこなうべきなのです。つまり、最初からリピートしてくれそうなお客様を探して、一本釣りするのです。そうすれば、自ずとお客様のリピート率は向上します。

これが、私の言う**「新規開拓とはリピーター作りと同義である」**の所以《ゆえん》です。

そのため、先ほどのステップ1でプレ商品を使用していただき、『この延長のあの商品なら』という確証を持ったお客様を本丸商品のお客様に変えていく流れが活きてくるのです。

その他、ビジネスは人間対人間の営みですから、性格の合う合わないも重要になってきます。後述する情報発信等を活用し、商品・性格（考え方）ともに合うと判断してくださったお客様と新規のお取引を開始する。

目先の売上は目減りしてしまうかもしれませんが、中長期で見た時、この新規開拓ステップのでき栄えで、アナタのビジネスの成否が決まると言っても過言ではありません。

ステップ3：転換　100人の新規顧客に匹敵する1人の熱狂的ファン

ステップ1のプレ商品にご納得いただき、ステップ2、商品や性格（考え方）が合致したお客様と新規のお取引が始まった後、その中から必ず上お得意様が出現します。ようは（言葉が悪いですが）**「アナタが売ってるモノなら何でも買います」と言ってくださるお客様**が出現するのです。

このお客様こそが、私達が最も大切にしなければならないお客様です。私が経営するコンサルティング会社も、この上お得意様10社から頂戴する売上が、全体の8割近くを占めています。創業時からのお取引が続くなど、お取引年数も長期にわたっています。

1～3社の少数社依存は危険ですが、10社程度の上お得意先を持つに至ると、金銭的にも精神的にも非常に安定します。だからこそ、この10社の皆様には全力を尽くすことができる、まさに好循環が起こるのです。

また、**次なるビジネスチャンスをくださるのは、いつだってこのファンのお客様**です。

実は、私が今のお仕事（コンサルティング）をしているのも、前のビジネスのお得意様からお声がけをいただいたのがキッカケです。

さらに、コンサルティングのクライアントからお問い合わせをいただき、研修のビジネスが立ち上がった経緯もあります。今、メインの事業に成長しつつあるセミナー講師の育成事業も、そもそもお得意様からの「こんなことできます？」というお問い合わせからスタートしています。

このように、目先の売上のみならず、アナタが継続的にビジネスを成長させていくために必要不可欠なのが、このファンのお客様（お得意様）なのです。

と、口で言うのは簡単ですが、ついつい新規のお客様に目が行きがちなので、注意が必要です。新規のお問い合わせと、このファンのお客様、同時にオーダーが入った場合、後者のお客様を優先する勇気を意識的に持ってください。

新規のお客様からお問い合わせをいただいた際、

「現在、余力がないので最高のパフォーマンスをご提供できない可能性があります。○月頃には余力が生じますので、その際改めてご連絡させていただいても宜しいでしょうか」

と伝えましょう。これを聞いた新規のお客様、きっとより信頼してくださるはずです。

ステップ4：維持
縦糸と横糸を張り巡らせる

ファンのお客様（お得意様）がある程度の数になってきたら、次は**お得意様同士をつなぐことができないか？**を考えてみましょう。

アナタとお得意様との関係は、取引という「縦糸」です。お得意様同士がつながると、これは「横糸」となります。縦糸だけでつながった関係はプツンと切れるとそこでおしまいですが、横糸でつながっている場合、何かの拍子で縦糸が切れてしまっても、落下することがありません。

なんだかたとえがあまり宜しくありませんが、なんとなくイメージできましたでしょうか？

これを実現するのがコミュニティ（会）の結成です。メーカーさんが販売店様を集めた総会や、○○会という組織を作ったり、著名人がオンラインサロンを開設するのは、これが目的の一つなのです。
私の場合、コンサルティング業においては、守秘義務があるためクライアント同士を一堂に会して……というコミュニティを形成することが難しいですが、別事業においては、オンラインサロンやリアルの会を主催しています。

実際のお客様が読んでくださっていると、少々気まずいのですが（笑）私との関係が少々疎遠になったとしても、そのコミュニティ内での人間関係があるうちは、私と完全に縁が切れることはないはずです。

また、そのコミュニティが盛り上がれば、回り回って運営している主催者の評価につながり、また新たなご縁やビジネスが生まれていくのです。

実際に、私自身も会費を頂戴しながら、いくつかの新ビジネスに参画させていただく機会に恵まれています。既存商品やサービスの契約期間も長期にわたっています。

売れ方には法則がある

私は今、セミナーや教材など、有形無形のあらゆる商品を販売していますが、商品には「売れ方」の法則があることをご存知でしょうか？

次頁の下図を参照してください。

販売期間を横軸、販売数を縦軸とすると、グラフはこのように**Vの字を描きます。**発売開始の時期が最も売れる時期で、そこから販売数はジリジリと降下していきます。この降下ポイントで販売に力を入れるのを止めてしまう方が多いのですが、実にもったいない。

この後、販売終了時期に向かって再び販売数が伸びていくのです。これを知らないために、極端な話、販売数が半分でとどまってしまうのです。

たとえば、私がセミナーの集客をする際。申し込み受付の開始日に10のお申込み、翌日に6、その翌日に3、その翌日に1、その翌日は0。こんな感じでお申し込みのペースが落ち着いたとしましょう。

この時点で私は「合計で40のお申込みがいただけるな」と確信し、お申込み締切日まで告知販売を続けます。結果、40前後のお申込みできっちり落ち着きます。

ただし、この販売数のV字を描くために、必要なモノがあることにお気づきでしょうか？

そう、販売を終了する時期（日や時間）。これです。

「○月○日に販売を終了します」という明確な時期がなく、お客様が今後いつでも買える安

売れ方の法則

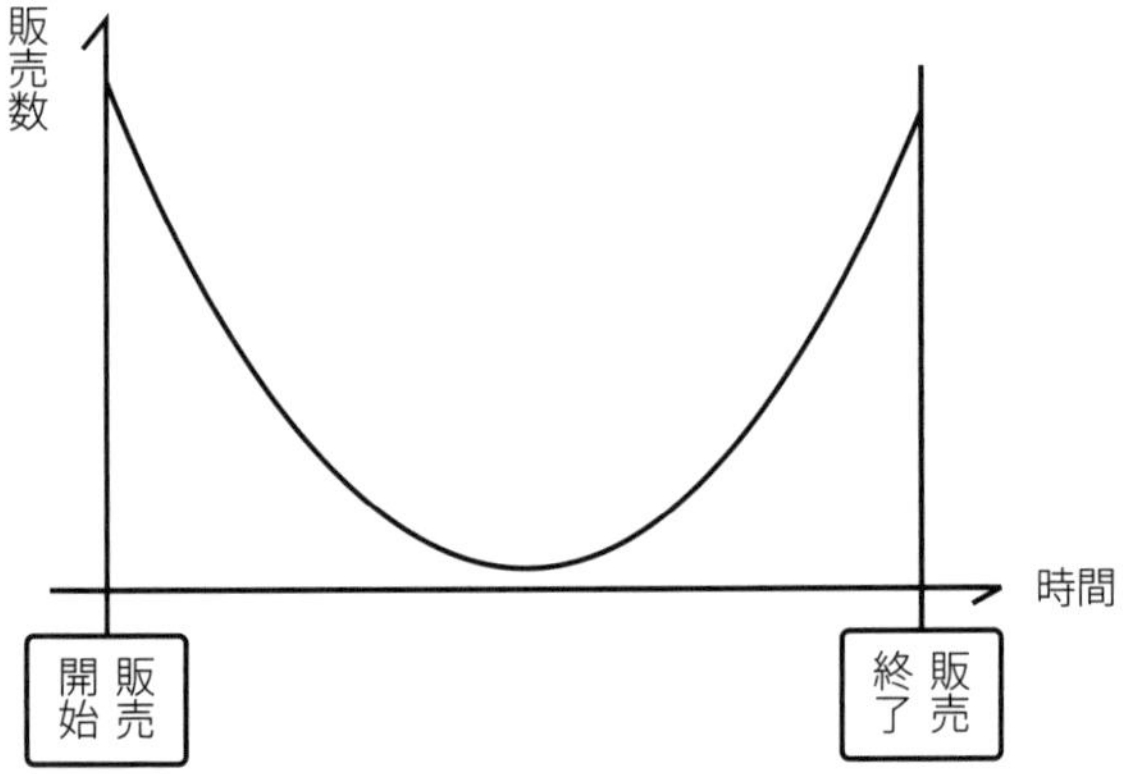

心感を持ってしまうと、この販売のV字を実現することができません。ですから、今後継続して販売していく商品であっても「この価格で購入できるのは○月○日まで」というような区切りを設けて、**販売終了の時期を明確にしておくこと。**これが重要です。

販売終了や区切りの時期を明確に定め、その日まで継続的にご案内を続ける。商品販売の鉄則です。

第5章

ひとり社長の時間管理術&セルフコントロール術

ダメダメな私の告白

「はじめに」や第1章にも書きましたが、ひとり社長の魅力は何と言っても「組織に縛られない自由」です。自分のペースで、自分の思い通りに仕事ができる、そんな理想的な働き方を実現することです。

しかし、自由を手に入れられる反面、自分をしっかりと律することが求められます。こんなことを書くと、私が自我をしっかり戒めることができる人間だと勘違いされるのですが、全くの逆です。

学生時代は、夏休みの宿題を夏休みが終わる間際にやるどころか、2学期が始まってから大急ぎでやるタイプの人間でしたし、放っておくとすぐにダラダラしてしまう、困った性格の人間です。

ですから、お恥ずかしい話、起業した20代前半の頃など、放漫経営もいいところ。プロジェクトは先送りし放題、やると決めたことの半分も実現できない、どうしようもない状況でした。

当然、ビジネスは地を這う業績で、いくつかの事業はやむなく譲渡したり、廃業したりという結果になりました。

「ちゃんとせねば！」と心を入れ替えようとするのですが、人間の性格というのは厄介で、努力してもそう簡単に変わるものではありません。努力をしようと決意し、失敗して後悔。さらに努力をしようと決意するも、同じことを繰り返して失意。こんな風に、どんどん自尊心が傷ついていく「暗黒の時代」を過ごしたことがあります。

そこで、私は考え方を変えました。自分の性格を矯正するのではなく、やらざるを得ない「仕組み」を作って、やるべきことをやれるようになろう。

つまり、今までは気合いと根性でなんとか自分を律しようとしていたのですが、その克己心が自分にはないということを認め（開き直り）、「仕組み」でなんとかしていこう、そう考えたのです。

結果（まだまだではありますが）、失意と後悔を繰り返し、何よりも大切な自尊心を毀損することなく、いままでやってくることができました。その自己コントロールの「仕組み」をいくつかご紹介してまいります。

他者の目を使う

今、コンサルタントとして活動している私が言うのもアレですが、ビジネスを始めた20代の頃、コンサルタントという人たちに懐疑的な印象を持っていました。

今でも時折、「俺はコンサルタントなんて頼まない。アドバイスだけしてあんなに高いお金をとって」というご意見を頂戴しますが、当時の私も同じことを考えていました。

私に限って言えば、コンサルタントからアドバイスをもらっても、結局それをいつものクセで実行できず、お金を無駄にしてしまうであろう自分が悪かったんですが……。

でも30代の頃に渋々お願いしたコンサルタントによって、そのイメージはガラリと一変。

そのコンサルタントは、アイディアを提供してくださったり、ディスカッションしたりした後「何を・いつまでに」やるのかをピシッと決めて、後はやるだけ状態を作って面談を終えるというスタイルだったのです。

「次回の面談までにやっておかないとカッコ悪いな」

そう思った私は面談直前に駆け込みのような形ではありますが、タスクをきちんとこなせるようになりました。タスクをきちんとこなせると少しずつ成果が出てきますから、それをコンサルタントに得意げに語り、また次のタスクを面談で設定し……という好循環が生まれたのです。

ここで私は**「他人の目」を使うことの効力**に気づきました。以降、コンサルタントでありながらも、自らにコンサルタントをつけたり、同じゴールを目指す人達があつまる講座に参加したり。安くない金額を支払うプレッシャーと、他人の目によるプレッシャー。常にこれを活用するようにしています。

また、毎日ブログやメールマガジンを執筆したり、SNSへの投稿をする中で宣言をおこない、引くに引けない衆人環視の状況を作りながら自分にプレッシャーをかけ続けています。

「もったいない」と「カッコ悪い」の2大巨塔。この感情に後押しされる仕組み。うまく回り出すと病みつきになりますよ。

時間を可視化する

それまでの私は、今日やるべきことを紙に書き出し、そのタスクが完了したら打ち消し線を入れて1つひとつ潰していくというやり方をしていました。

たしかに、やるべきことが明確になり、タスク完了のたびに1つひとつ消していく爽快感があったのですが、どうも物足りなかったのです。

また、先送り癖がある私ですから、完了しなかったタスクを翌日にまわし、また翌日も同じように先送りして……を繰り返すうち、タスク自体を「なかったこと」にしてしまうことが散見されるようになりました。

これではまだ不十分だと考えた私は、自分の1日を振り返るための「Ｍｙ日報」を書き始めました。

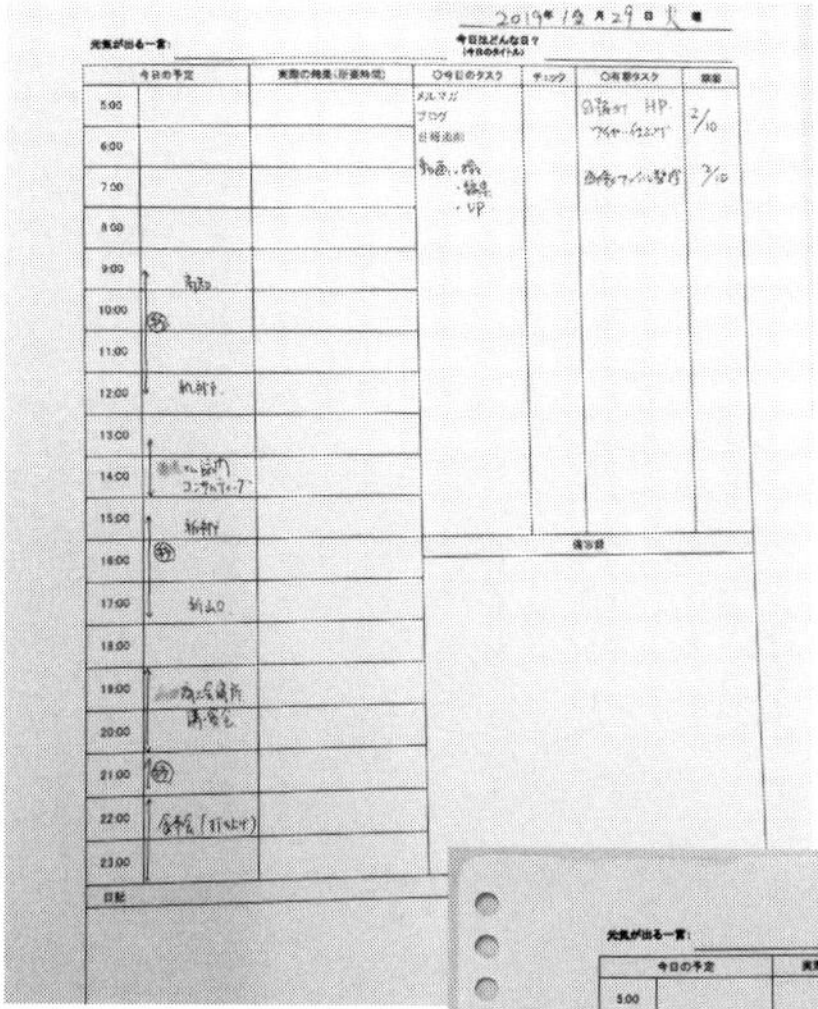

←前日の夜に
記入

当日の夜に
記入
↓

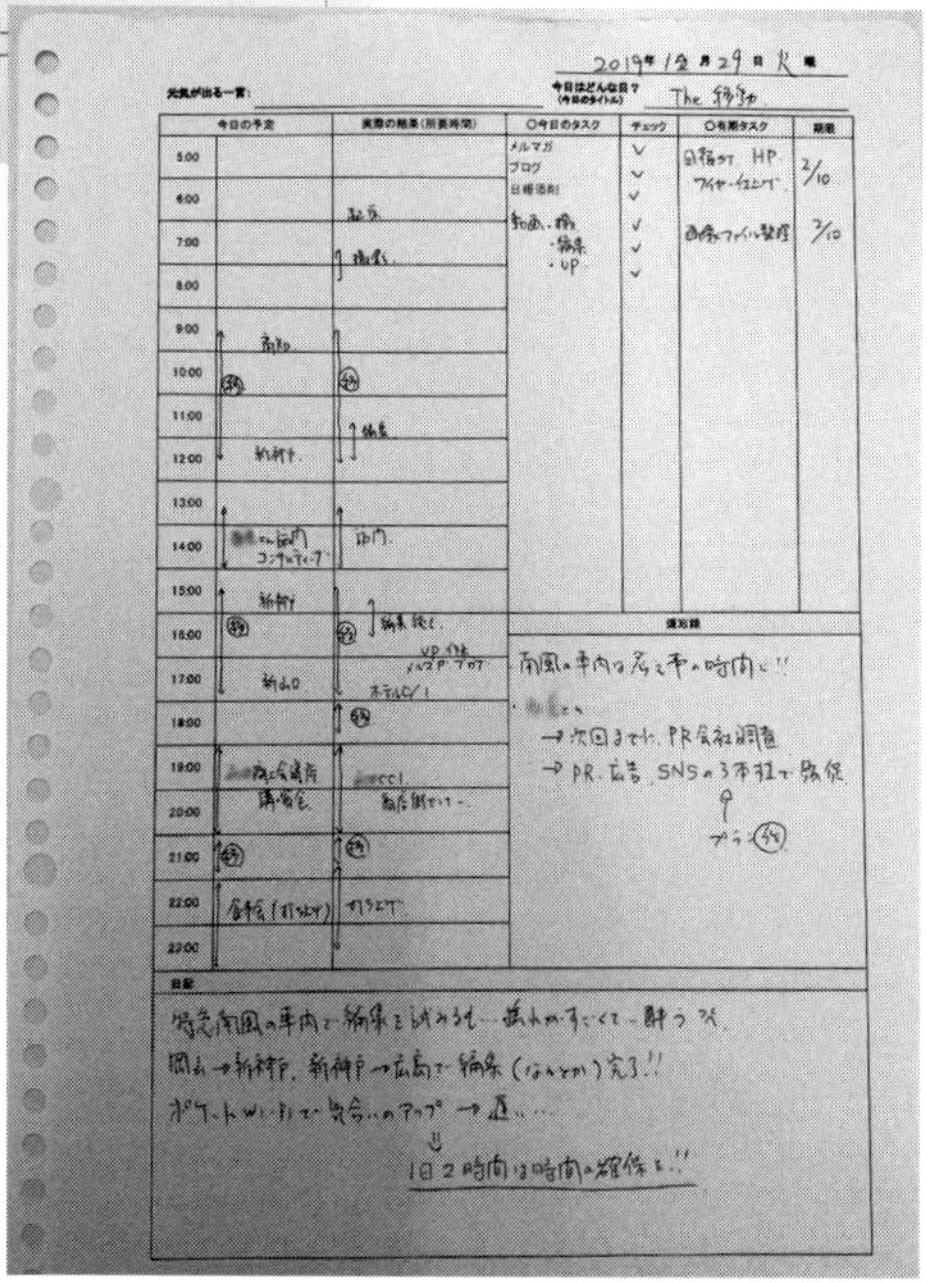

左側にタイムスケジュール欄があり、タスクの羅列ではなく**時間を「ブロック型」で管理する仕組み**になっています。ここに、毎日やったことを書いていくのですが、最初は愕然《がくぜん》としました。

「○○さんにメール返信」というちょっとした作業に30分程度時間を使っていたり、打ち合わせに3時間も時間を割いていたり……。それよりも何よりも驚愕したのは、「あれ？ この時間、何してたっけ？」という「使途不明時間」の多さ。

タスクの羅列と消し込みではわからなかった自分の時間の使いみちが、「ブロック型」のタイムスケジュールを作ることで視覚的・直感的な情報として目に飛び込んできます。

スケジュールはデジタルで自己管理はアナログで

アポイントなどのスケジュール、やるべきタスク、思いついたアイディア、読書やセミナーで学んだこと、アナタはどうしていますか？

10年ほど前までは、その全てを一冊の手帳にまとめて書いていましたが、余白が足りなかったり、手帳の形式にあわせて書こうという意識が働き、それが面倒になって記述量が減り、結局は単なるスケジュール管理＆一言メモのような形になってしまいました。

後から見ても「あぁ、こんなことがあったなぁ」くらいの気づきしか得られない、こんなことを繰り返していました。

「もっと効率的にスケジュール管理や、自己管理、アイディアを形にできる方法はないものか？」

試行錯誤すること十数年。ようやくたどり着いた結論が**「スケジュール管理」**と**「自己**

管理」は切り分けて考えるという手法です。

アポイントの時間や締切日、飛行機の時間等のスケジュールは、ＰＣとスマホを同期できるアプリなどを活用し、デジタルで管理しています。

こうすることによって、アポイントの時間に変更があった場合、その場でサササッと手元のスマホを使って変更できます。

また、共有機能を使えばクライアントや外部スタッフの皆さんとも簡単にスケジュールが共有できます。手帳を出し入れする手間、字を消す手間、関係各所に連絡する手間が一気に省けるというわけです。

タスクの管理やその日の振り返り、アイディアをまとめる作業は全てアナログでおこないます。Ａ４の無地ルーズリーフにＭｙ日報（１５７頁参照）を印刷し、常に10枚ほど持ち歩いています。

フリーハンド（手書き）ですから、思いついたことを思いついたまま、紙に書くことができます。紙の上でアイディアを展開したり、反省点から修正点を導き出した後、それをタスク化し、スケジュール管理のデジタルツールに入力。

この「アナログ自己管理」のすごいパワーに気づき、この活動を広める株式会社日報ステーション（本社：山口県山口市　代表：中司祉岐氏）の経営に参画させていただいているほどです。

1日を3ブロックに分けて考える

自らの取扱説明書とでも言いましょうか？

「自分がどの時間に何をすれば効率がよいのか」、これがわかると、日常の仕事のペースやパフォーマンスが格段に上がります。

たとえば私の場合、午前中は物を書く仕事、午後からは人と会う仕事、夕方からは単純作業をすると、非常に効率がいいことがわかりました。

これがわかるまでは、夕方からブログを書こうとしてアイディアが降りてこず、2、3時間かかることもあったのですが、午前中の頭がクリアな時間帯にこれ（書き仕事）を持ってくることで、1時間程度で仕上げることができるようになりました。

また、午前中に訪問のアポイントを入れると、私が大の苦手としている満員電車に遭遇する確率がグンと上がります。その移動で疲れてしまうと、その日のパフォーマンスがガクンと落ちてしまいます。

毎日、ラッシュを乗り越えて通勤していらっしゃる方からすれば「ふざけるな！」というお話でしょうが、このラッシュを避けるために会社員の道を断念した人間ですので、ご容赦ください。

この2つの理由で、午前中には人と会うアポイントを入れることはほとんどありません。講演ややむを得ない事情でアポイントが午前中に入った場合は、必ず会場近くのホテルに前泊するようにしています。

自身のパフォーマンスが、そのまま業績に直結する「ひとり社長」は、自分の取扱説明書をしっかり作る必要がありますね。

「記録」の時間を天引きする

これまでご紹介した「時間の可視化」「アイディアや修正点のタスク化」「自身の取扱説明書の作成」をおこなうためには、とにかく自分の行動や思考を「記録」しておく必要があります。

しかし、この記録をする作業。10分程度でできるのに、いや、10分程度でできるからこそ、どうにも後回しにしてしまいがちです。

「時間ができたら書こう」と思っているうちに記憶というものは薄れてしまいますから、その後待ち受けているのは「ま、いっか」というアレです。

日々10分の記録が、自分のパフォーマンスをぐんぐん押し上げてくれるのに、日々10分でできるが故に後回しになり、次第にその記録を止めてしまう。こうならないためには、この「記録」も仕事の一環であると認識すること。そして、**「記録」の時間を予め毎日のスケジュールから天引きしておく**ということです。

この「時間を天引きする」というのは、第6章の情報発信にも言えることなのですが、非常に重要。最強の貯蓄方法は給与天引きとよく言われますが、時間に関しても天引きが最高だと断言できます。

時間ができたら書こうではなく、今日はどの時間を使って書くかという思考です。

私の場合、自宅やホテルに戻っても深夜までダラダラ作業をしていることが多いので、寝る前の10分を天引きして、記録の時間にあてています。

飲みに行く場合はオフィスを出る前、クライアント先で打ち合わせをして、そのまま会食になる場合はクライアント訪問前。

1日の終わりにその日の振り返りをＭｙ日報にしたため、明日のタスクと予定を翌日分のシートに記入。一日の終盤10分を必ずこの作業に費やすと決めています。

そして、翌日の始業時に、昨晩書いた当日分のＭｙ日報をちらっと見て、そのルーズリーフ1枚を常にカバンのなかに入れて持ち歩きます。ことあるごとにその紙をとり出し、チョコチョコと記入。

まぁ、チョコチョコと記入できない時もありますが、1日の終わりにその1枚を仕上げる＆翌日のタスクを羅列します。これが5年近く続いています。

カレンダーには必ず「空白」の日を

記録の時間を天引きするのと同じくらい重要なのが、この「空白」の時間です。ひとり社長の場合、経営者でありプレイヤーであることが多いため、どうしても「思考」に費やす時間がとりにくくなりがちです。

この「思考」の時間を天引きするというのが、**カレンダーの「空白」タイム**です。私自身、どんなに講演やアポイントが立て込んでいる月でも、最低2日はこの「空白」の日を作っています。可能であれば、アポイントを調整（一定期間にまとめるなど）して、できるだけ多くの「空白」を作るようにしています。

この思考の時間、何をしているかと言いますと、ただボケーッとしているだけです。

過去のＭｙ日報をパラパラと眺めてみたり、ネットサーフィンしたり……。すると不思議なことに、アイディアが降って来るんですよ、必ずと言ってもいいくらい。そのアイディアを紙にまとめて、タスクに分解し、スケジュールに落とし込む。すると、あっという間に1日が終わります。

この「思考」の他にも、空白の1日の使い方があります。

それは、溜まってしまったタスクを一気に片づける1日。いくらMy日報でタスクのチェックをしているとはいえ、全てが完璧に処理できるはずがありません（できる人もいるでしょうが、私には無理です）。

「やらなきゃ……」と気がかりなことがある状態というのは、なんだかモヤモヤするというか、パフォーマンスを下げてしまうことになりかねません。

そこで、バッファのような1日を確保しておき、そこで一気に片づけると不思議なことに気分が晴れやかになります。

安心感を求めて、ついついスケジュールを埋めてしまいがちですが、このような空白の1日を持っておくこと、本当に重要なのです。

「仕事」と「タネまき」の時間を可視化する

アナタのスケジュールには「仕事」と「タネまき」が並んでいるでしょうか?

私の定義では「仕事」が「本丸商品」、「タネまき」が「プレ商品」に相当します。

5年ほど前、全国から本当にたくさんのお声がけをいただき、年間267本の講演会に登壇する機会をいただいた年がありました。平日はほぼ全て、日本のどこかで講演会に登壇というスケジュールです。カレンダーは半年以上先までびっしりと埋まっています。

この状況を見て、とても嬉しい反面、恐怖を覚えました。

飲食店を経営している頃、とあるメニューがヒットしたことがありました。連日予約のお電話やテイクアウトのオーダーをいただき、本当に嬉しい悲鳴。日々、いただいた予約や注文をせっせと提供する日々でした。

しかし、ブームというのはいつか終焉を迎えます。予約やテイクアウトのオーダーが激減した時、初めて気づいたのです。「コレはヤバイ」と。

そこから慌てて次の手を模索しはじめたのですが、結果が出るまでには時間がかかります。その間はずっと資金繰りとの戦い。資金が枯渇してくると精神的にも追い詰められてきますから、思い切った決断もできないし、起死回生のアイディアも出ません。眠れぬ夜を過ごした日のことを思い出したのです。

そこで私は、講演の本数を（大変申し訳ないのですが）絞らせていただきました。

また、単に講演会に登壇させていただき、講師料をいただくという「仕事」から、講演会から次の仕事につなげるという「タネまき」になるよう、あの手この手の策を講じました。

結果、今では「仕事」が3割、「タネまき」が7割程度に落ち着き、恐怖心も沈静化してきました。この比率は人によって違うかと思いますが、「仕事」が10割というのは恐怖です。どんなビジネスにとっても有用な教訓です。

しかし「仕事」があるということは嬉しいことですし、ついつい「仕事」に集中してしまいがちなのが経営者のサガ。これを常に意識するため、私のスケジュールには、それが「仕事」なのか「タネまき」なのか、これがわかるように色分けしてあります（仕事が黒・タネまきが青）。スケジュールが黒っぽくなってきたら「要注意！」です。

経理業務は1日10分！日次決算のすすめ

ひとり社長にオススメしたいのが、**日次決算**。規模が大きな会社になると、関連する部署や人が増えたり、商品が複雑化するので困難になりますが、ひとり社長ビジネスであれば、日次決算は十分可能でしょう。

現在、私がひとり社長として経営している会社では、クラウド型の経理ソフトを使用し、全ての経理入力作業を私が行っています。

たとえば、講演会に登壇した日、ホテルや事務所に戻った後、請求書の発行機能を使って請求データを入力します。その日の領収書を財布から出し、経費の入力も済ませます。ココまでで10分程度。私がやるのはココまで。

後は、事務作業を外注しているパートナーさんが、自身のＩＤでシステムにログインし、請求書をＰＤＦでダウンロードして主催者様に送ってくれます。紙の請求書が必要な場合はその印刷と発送までやってもらっています。銀行口座やカード明細との同期も簡単にできるので、入金の消込、指定日に入金がない場合の連絡もお願いしています。

まぁ、懐具合を見られるのはちょっと……という場合、ここまでを自分でやったとしても１日20分程度でできる作業です。

支払いに関しては、事務所に請求書が届いた時点で買掛（受取請求書）に入力をしておき、支払日にネットバンクで支払うだけ。月末に集中しますが、これも30分もあればできる作業です。

また、顧問税理士さん用のＩＤも発行し、入力のチェックや修正を逐次していただく他、最終の決算もお願いしています。

こんなふうに日次決算をするメリットは２つ。お金の流れがリアルタイムで確認でき、売上目標値に対しての進捗がリアルタイムで把握できる、ということです。

私の場合、仕入れが発生しない（先出金がない）ビジネスですから、資金ショートの可能性は非常に低い。

というわけで、特に大きいのは後者です。日々、売上や売掛が積み上がっていく様子を見ると、やっぱりテンションがあがります。

また、仮に「売上目標に届かないかも？」ということが事前にわかれば、単発コンサルティングの募集をしたり、自主開催セミナーを開催したり、という即時フォローが可能になります。

日次決算することをオススメします。

書類整理は1日10分
ひとり社長の書類整理術

契約書など、紙での保管義務がある書類以外は、基本紙で残しません。ここで大活躍しているのがスキャナーです。

今は、名刺や書類をスキャンするだけでなく、ＯＣＲ機能（読み取った文字を文字として認識できる機能）がついた高性能スキャナがたくさん発売されています。

私はこれを、東京、大阪、札幌の各オフィスのほか、自宅にも配備しています（私は**ScanSnap**というスキャナを使用しています）。

これをどう活用するか、とある1日をシミュレーションして説明します。

とある企業様と数カ月後に開催される講演会の事前打ち合わせ。先方の事業内容をご説明いただいた会社案内（パンフレット）は丁寧に受取を辞退してお返しし、講演会の概要が書かれた資料のみを持ち帰ります。

その後、別会場に移動して講演会に登壇。控室に準備いただいたレジュメはお返しします。参加者の名簿の類いも個人情報保護の観点からお返しします。式次第やその他配布資料のみ頂戴して帰ります。

事務所に戻り、カバンのなかから頂戴した資料や書類、打ち合わせ時のメモ、交換させていただいた名刺をとり出し、全て個別にスキャン。書類や資料、メモには日付と相手先のタイトルをつけてＰＤＦでクラウドに片っ端から放り込みます。

名刺は、スキャナと名刺管理のクラウドサービスがつながっており（Ｅｉｇｈｔというサービスを使用しています）、読みとったものからドンドン勝手に登録されていきます。読みとれなかった文字等は手入力で入力し直してもらえるという至れり尽くせりのサービス。

コレでおしまい。**所要時間10分程度。**書類が必要になったら日付かクライアント名で検索すればすぐ出てきますし、名刺も言わずもがなです。

とにもかくにも「今すぐ」「3カ月」

ここまで、時間管理術やセルフコントロールのテクニックをお伝えしてきました。いかがでしょう？

やれそうな気がしますか？

私も今まで、自分をなんとかしようとさまざまな時間管理術やセルフコントロールのテクニックを学んできました。

そして、実践しようと思いながら実践しなかったり、実践をしてみたけど三日坊主で終わってしまったという黒歴史を積み重ねてきました（笑）

そんな私が、時間管理やセルフコントロールができるように（できつつあるというほうが正確です）なったキッカケは、先にご紹介した日報コンサルティングというサービスを知り、まず自身が試してみたことでした。

旧知の仲だった中司氏がセミナーをやるというので「日報セミナー」を受講したのですが、日報のノウハウが解説なされた後、その場で日報のフォーマットが配布されました。

すっかりその気になった私は、配布されたフォーマットに沿ってその日から日報を書き始めたのですが、やっぱり慣れないことを習慣化するのは面倒くさい。

ただ、中司氏は旧知の仲でしたから、面倒だから止めたとは恥ずかしくて言えない。自分のメンツを保つため、面倒だなぁと思いながら日報を書き続けていました。


すると、明らかに自身の時間の使い方が変わったことに気づき始めました。3カ月後、過去の日報をパラパラと見て愕然としたのを覚えています。

「おいおい、3カ月前ってこんなことやってたのか、自分は！」

こんな具合に驚愕ものでした。


これで「続ければ必ず成果が出る」と心の深いトコロで確信した私は（途中何度も面倒だと思いながらも）今でも自身の日報をつけています。

つまり、やれば成果が出るということを確信できれば、その後は比較的スムーズに習慣化に向かうわけです。過去と今を比較して成果が出ていると明らかに差が見えるためには、やはり**3カ月程度の時間が必要**です。

というわけで、「今すぐ」始めて、「他者の目を使いながら」なんとか「3カ月」続けてみる。これをやってみましょう。

ここで継続や習慣化のすごい力を体感すると、その後、何においても継続するコツのようなものがつかめます。

まったくズボラだった私が、5年以上毎日（お盆も正月も）メールマガジンを配信し、ブログを更新し、日時決算をし、日報をつけ続けていられるのですから、間違いありません。

第6章

ひとり社長の情報発信術

そもそも誰に向けての情報発信なのか？

アナタが、これからブログを書こうと決めたとします。さぁ、このブログは誰に向けて書きますか？

この「誰に向けて」の設定や意識が間違っていると、残念ながらその情報発信を続けられなくなります。さぁ、アナタなら誰に向けてブログを書きますか？

多くの人は未だ見ぬ見込み客の人に向けてブログを書こうとします。つまり、「自分が書いたブログが誰かの目にとまり、その人がお客様になってくれるのじゃないか？」という期待を抱いてしまうのです。

もちろん、そのケースがないわけではありませんが、これは本当に奇跡のレベルと言ってもいいでしょう。「あったらラッキー」というレベルです。

この手の情報発信を続けると、書けども書けどもお客様が増えないことに絶望することになるでしょう。情報発信のモチベーションはガタ落ちし、アナタはその他大勢に埋没。

お客様から発見されることがなくなってしまうのです。

では、誰に向けて情報発信すべきなのでしょうか？

それは、**すでにアナタのことを知っている人に向けて**なのです。一度取引をしたことがあるお客様、もしくは取引したことはないけれども、アナタに会ったことがある人、アナタを知っている人。この人達に向けて、情報を発信し続けるのです。

つまり、アナタから継続的に発信される情報というのは、未だ見ぬ誰か（お客様）を探し求めるツールではなく、既知の人々との関係性を強化することを目的としたもの。

やはり多額の広告費を払って多くの人に繰り返し情報の発信をし、発見してもらい、興味喚起を促すのは大手企業の戦略です。私達ひとり社長が採るべきではない戦略なのです。

ひとり社長の情報発信は、第4章でお伝えした「必要な時に情報が目の前にある」状態を作り出したり、「アナタがそれを売っていること」を間接的に認知してもらうためのツールであるべきなのです。

アナタの生き様そのものが商品であり広報になる

どこに住んでいても、欲しい物やサービスがいつでも買える。経済の成熟や、ネットの出現によって、消費者にとってはとても便利な世の中になりました。「お客様の声」を公表する機能も充実し、粗悪品を扱うお店や企業は一発退場を迫られる時代、どのお店や企業も一定基準を満たす高品質なものを提供している世の中。

となると、消費者が最も重要視するのは「何」を買うかではなく「どこ」から買うか、私達ひとり社長にあてはめるなら**「誰」から買うか**、に行き着くわけです。

つまり、アナタが扱う商品やサービスがいかに優れているかという情報をどれだけたくさん発信しようと、お客様の購入動機にはなりにくいのです。そんな世の中で私達はビジネスをしていると言えます。

ということで、アナタ自身を売ってください。アナタから買いたい、と思っていただく必要があるからです。

たとえば、私の講演会というビジネスであれば「今日は○○県にて、小売業界の皆様向けの講演会に登壇させていただきます！」などの情報を写真つきでSNSにアップしています。

この情報1つにはさほど意味がなく、この数日後も、また別の県での投稿がアップされています。この一連の投稿を見て、別の主催者様が「あちこち楽しそうに行かれている先生に、うちでも講演会をお願いします」とオファーをくださいました。

詳細は後述しますが、日々あちこちに講演会で訪れているという日々の生活をご覧いただき、安心感を持っていただいたのがこのオファーのキッカケになったのです。

また、コンサルティングのビジネスにおいては、このようなことがありました。

突然、メールでコンサルティングのご依頼をいただいたのですが、キッカケをお伺いすると、過去、私の講演会にご参加いただき、その後に私のブログを読んでくださったとのことでした。

そして驚いたのが、ブログの記事に書かれたノウハウやコンテンツではなく、過去の失敗談を見て決断してくださったとのことだったのです。

「掃いて捨てるほど存在する、知識や成功事例を語るコンサルタントではなく、自分の失敗をしっかり語ってくれる方にお願いしたい」

そう言われたのです。

おわかりでしょうか？

商品やサービスの細かな説明、飾り立てられた美辞麗句や恐怖や羨望を煽るような情報ではなく、自身の生き方（日常）。この情報こそが大切なのです。

経営理念よりも営業時間を発表する

私はよくクライアントに**「経営理念も大切ですが、まず営業時間をハッキリさせてください」**と言います。

これは別に（本当の）営業時間をハッキリさせようという意味ではありません。「誰に向けて情報を発信しているのか」「誰のために商売をやっているのか」をハッキリさせて公表してくださいということです。

この情報が公表されていなかったり、あわよくば的な考えで、誰にでも受け入れられる情報を発信しているとお客様とのミスマッチが生じてしまいます。

実際にあった例なのですが、とある魚市場のそばで、夜10時に開店し朝9時で閉まる食堂がありました。この営業時間を見ると、あきらかに漁師さんや市場関係者の人向けの食堂であることが理解できます。

この食堂、ほどなくして息子さんが継がれたのですが、売上拡大を目指し、なんと24時間営業に切り替えたのです。すると何が起こったか？

店主がせっせとクーポンや広告を駆使した結果、午前中は、新鮮な魚介が食べられるということで、出勤前に朝食を食べに来るサラリーマンの皆さんや、ヘルシーな朝食を食べながら朝活をするＯＬの皆さんが集まり始めました。夕方の時間帯は居酒屋利用をする皆さんが集まってきました。

一見、「売上も利益も増えてよかったよかった」という話に見えますが、実は逆です。毎朝のように、仕事終わりのビールやご飯を楽しみに来ていた漁師や市場関係者の皆さんが来なくなってしまいました。スーツ姿の方が新聞を読みながら朝食をとったり、朝活の皆さんが勉強会をしている空間に、長靴やタオルはちまきでは入りづらくなってしまったのでしょう。

毎晩、仕事前に晩ごはんを食べに来ていた市場関係者の人も来なくなってしまいました。同じように、スーツ姿の皆さんがワイワイ宴会をしているなかに、前掛けと長靴では入りづらくなってしまったのでしょう。

結果、お店の収支は一気に赤字。広告費を投入せずとも「自分たちのためにやってくれているお店」という認識で日々来てくれたお客様が遠のくということは、こういう結果を招いてしまうのです。

さぁ、**アナタは誰のために商売をやっていますか？**

それが伝わる情報発信ができていますか？

ちなみにこのお店はその後、営業時間をもとに戻し、黒字に戻すことに成功しました。

情報発信はC・A・P

ここまで、情報発信の「意義」についてご説明してきましたが、情報発信といってもさまざまな情報があります。アナログやデジタル、デジタルにしてもブログやメールマガジン、SNSやYouTubeなど実にさまざま。

その各々がどんな役割を果たす情報なのか、コレを知らずして闇雲に流行りのツールを使って情報発信をし続けても、狙った効果を得ることは難しいでしょう。

というわけで、まずはビジネスにつなげるための情報発信のセオリーと、各ツールがどんな役割を果たすものなのか。これを理解しておく必要があります。

情報発信の種類や目的は、次の3つに集約されます。

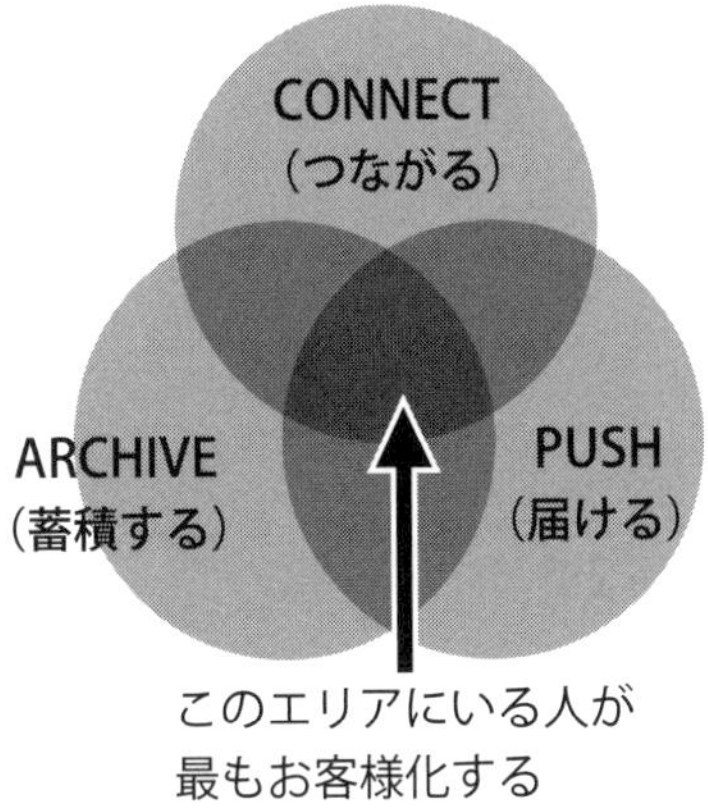

①CONNECT
②ARCHIVE
③PUSH

大きく分けてこの3つです。この3つの円が重なり合ったエリアの人がお客様になって下さる確率の高い人となります。

CONNECTの情報発信で関係性を構築する

情報の受け手と**関係性を構築するための情報発信**、それがCONNECTの情報です。ツールでいうならば、SNSがこれにあたります。この情報発信はあくまで「関係性の構築」ですから、それ以上の情報、つまりセールス情報を発信することには適していません。どうでしょう?

TwitterやFacebookで、せっせと商品やサービスの紹介をしてしまっていませんか?

消費者の立場として見てみるとすぐわかるのですが、実際に自分が売り手の立場に立つと『少しでも多くの人の目に触れたほうがいいはずだ』と思い込んでしまい、ただ単に自社の商品情報を「買え!買え!」とばかりに売り込んでいませんか?

ここで私のエピソード(実験結果)を1つご紹介しましょう。過去に出版をしたり、講演会であちこちに登壇させていただいたこともあり、Facebookで日々たくさんのお友達申請を頂戴します。自身のお名前で登録し、プロフィールのお写真がご自身である方を片っ端から承認し、Facebook上の「お友だち」として追加させていただきました。

その数はあっという間に5000人に達したのですが、この5000人の（Facebookの）お友達に対し、一斉にイベント（私のセミナー）の告知をさせていただきました。さぁ、結果はどうなったと思いますか？

お申込みはたったの1件。さらに、お友達の数が4700人に減少。それだけではなく、数名の方から「セールスお断り」のお叱りコメントやメッセージまで頂戴する始末。

ひとつお断りをしておくと、この5000人の（Facebookの）お友達、私のほうから申請した方はほとんどいません。先方から承認の申請をいただき、お友達になった方々です。

このように、SNSは気軽に使える「つながるキッカケ」を作るためのツールなのです。

合コン会場でいきなりプロポーズをする人、いないですよね？

合コンはあくまで出会いのキッカケ。その後、何度かのデートを経て、おつき合いをし、結婚に至る。ビジネスも同様です。

SNSは「賑わい感」か「一貫性」か

リアルな社会でも同様なのですが、人は楽し「そう」な場所に惹かれ、集まります。ですから、SNSを通じて人間関係を最大化するのであれば、自身が発する情報（投稿）から楽し「そう」な空気感を滲み出すことが重要となります。

この楽し「そう」な空気感というのは、決して、美味しい料理を食べているところや、飲み会で盛り上がっている投稿、つまり投稿内容が楽しそうに見えるということではありません。

その楽し「そう」というのは**「賑《にぎ》わい感」**、つまりその投稿に対し、コメント上でいろいろ盛り上がっている状態のことを言います。

この「賑わい感」を感じると、つい自分もコメントしたいなという衝動に駆られ、コメントに参加する。そんな人達で相乗効果が生まれ、その人の投稿はいつも人気。だから(次項でご紹介しますが)ARCHIVEの情報にもたくさんの人が流入する。という仕組みです。

と、書いておいてアレなのですが、私自身、痛感しました。「これ(SNSでの賑わい感作り)、向いてないな」と。

振り返ってみると、忙しさにかまけて、せっかく自身の投稿にコメントを下さった方へのお返事が2日後になってしまったり、他人の投稿に全く興味を持たなかったり。完全に独りよがりの情報発信になってしまっていました。

結果、思ったほどSNSからのARCHIVE情報流入がうまくいかなかったのです。

もちろん、これを楽しんで気負うことなくやってのける人もたくさんいらっしゃいます。そんな(社交性の高い)方は、どんどん「賑わい感」でSNSを盛り上げ、その他情報への橋渡しをしっかりやっていただくのがいいでしょう。

ＳＮＳはＣＯＮＮＥＣＴのツール。つまり、関係性を築くためのツール。だから、「積極的に他者とコミュニケーションをとらねばならぬ！」と意気込んでも、おそらく私には有用な使い方はできないでしょう。

そこで、私は**「一貫性」**というものをＳＮＳで発信することにしました。毎日、あちこちに行って講演や商談、コンサルティングをしている様子を投稿し続けたのです。すると、「賑わい感」に向いていない私でも、ＳＮＳの活用（ビジネスへの橋渡し）ができるようになりました。

社交性に左右されない「一貫性」の情報発信

私がSNSで発信している情報と言えば、講演で訪れた地方の駅や駅前を写した写真と、食べたもの（焼肉かとんかつ、すしばかり（笑））の写真に、かしこまった文章ではなく、「ってか」「まぁアレだわ」といった口語体でのコメントを添えたものばかり。

Facebookが出始めた頃から約8年間、こんな情報ばかりを投稿しています。しかもほぼ毎日。コメントはついて数件。お返事をしても、特に盛り上がることもなく（笑）1往復程度で終了してしまいます。

このような（ある意味）一貫性のある投稿を続けていると、**周りから見た自分像**というものが形作られていきます。私の場合、毎日ぶらぶらと全国を移動して講演などをやってる人間で、焼肉ととんかつと酒が大好物の人間、といった感じでしょうか。

こんなこと（投稿）を4年も5年も続けていると、たまに私の投稿が目に入った人は、きっと「またウロウロしてるなぁ」とか「また焼肉食べてるよ」なんて思ってくださるようになります。

その頃から、リアルで会う人会う人から、「焼肉好きなんですねぇ」とか「相変わらず全国ウロウロしてますねぇ」なんて言われるようになりましたから。

その人達と、SNS上でコメントのやりとりをしているワケでも、その人達が「いいね！」を押してくれるワケでもありません。

しかし、一貫性を持った行動（投稿）をし続けることで、なんだか印象に残る対象になることができます。

ネット上で盛り上がりはしないけど、なんだか気になる存在。先に述べたような「賑わい感」はゼロ。ですが、CONNECTとしての役割を十分に果たせていると感じています。

他人からも見えるネット上でワイワイ「賑わい感」を出すのが一番ではありますが、向き不向きもあります。「向いていないなぁ」と自分で思う（私のような）人は、無理にそれを作り出す必要はありません。なにせ疲れますからね。

自分の好きなこと（仕事に関することのほうがグッドです）を継続して投稿し続ける「一貫性」で気になる存在になる。これをオススメします。

ARCHIVEの情報発信で信用を得る

情報の蓄積をするツール。それがARCHIVEのツールです。デジタルツールでいうところの、ブログやYouTubeがこれにあたります。

CONNECTの情報でご紹介したSNSで発信する情報は、その場を切りとった、消費され流れ消えていく情報であるのに対し、**ARCHIVEの情報は発信すればするほど蓄積されていきます。**その蓄積された情報は検索エンジンの検索結果にも反映されますし、何よりも大量に蓄積された情報は、それだけで「信用」を得ることができます。

詳細は後述しますが、情報の「質」と同じくらい（ひょっとするとそれ以上に）情報の「量」も重要です。

現在、新規の講演依頼の98％は、私のホームページからやってきます。依頼をくださる方に、何が決め手になったかを直接伺ったり、アクセス解析をした結果、わかったことがあります。

それは、皆さん一様に「講演実績」のページをご覧いただいた後、お問い合わせフォームのあるページに移動されているということです。

私は、講演会に1回登壇するごとに、何県のどこで、どのような方を対象とした何の講演をしたかという情報をブログ形式で1本記述し、アップを続けています。

その記事数は、7年で1000本以上にのぼります。この記事が一覧で閲覧できるページを、ご依頼くださるほとんどの方がご覧になっているのです。

では、皆さん1000本以上の記事を、全てお読みくださっているでしょうか？

アクセス解析の結果によると、読まれていても3本程度であることがわかりました。つまり、記事の内容をじっくり読み、精査し、オーダーを下さったワケではなく、記事一覧にならんだ情報量で決意くださったのです。これが蓄積情報の強さです。

消費され、流れ消えていくSNSにせっせと記事を書き込んでいる方がいらっしゃいますが、実にもったいない。まず、このARCHIVEの情報発信（たとえばブログを書くなど）をおこない、その事実（ブログを書きました）のお知らせをSNSでおこなっていく、という使い方にすれば、一石二鳥ですね。

一圓克彦オフィシャルサイト - 「エンイチ」こと一圓克彦（いちえんかつひこ）です
やる時ぁやります。
「エンイチ」こと一圓克彦です
一圓克彦のぜんぶ
日々こんなオシゴトをしています
皆様にお知らせがあります
是非どこかでお会いしましょう！
呼ばれれば何処へだって行きます
やる時ゃやります
電車に乗って。相談に乗って。
「真面目な」メルマガです
執筆・講演・取材ご依頼&お問合せ
ACHIEVEMENTS 一圓克彦の実績
講演・セミナー実績
2017年の講演・セミナー実績一覧です。
リンクをクリックして頂きますと、旅情報等の詳細ブログ記事にジャンプします。
※主催者さまご要望による非公開セミナー等は掲載しておりません。
2017年の講演・セミナー実績
【1287本目】北海道 河東郡　士幌町商工会さま主催
0円で8割をリピーターにする集客術
【1286本目】広島県 広島市　広島商工会議所さま主催
0円で8割をリピーターにする集客術
【1285本目】長崎県 対馬市　対馬市商工会さま主催
0円で8割をリピーターにする集客術
【1284本目】愛知県 春日井市　春日井市商店街連合会さま主催
0円で8割をリピーターにする集客術
【1283本目】福岡県 北九州市　福岡県 商店街振興組合連合会さま主催
0円で8割をリピーターにする集客術
【1282本目】北海道 河東郡　士幌町商工会さま主催
アナタのビジネスはSNSで伸びる！SNSの特性を活かしたネット活用術
【1281本目】新潟県 新潟市　黒崎商工会さま主催
0円で8割をリピーターにする集客術
【1280本目】東京都 府中市　むさし府中商工会議所さま主催
0円で8割をリピーターにする集客術
【1279本目】大阪府 大阪市　大正銀行さま主催
0円で8割をリピーターにする集客術
お気軽にお問い合わせ下さい
メールフォームはこちら
詳細な資料 お問い合わせ ご依頼
@

実績をまとめ、すべてブログ記事としてあげている

量は質に転化する

アナタは**「量質転化」**という言葉をご存知でしょうか？

これは、量をこなすことによってコツやカンドコロをつかむことができ、質が向上するという意味合いの言葉です。これは、情報発信においても同様です。

たとえば、日々蓄積するためのブログ記事を書き続けると、文章のリズム感や言い回しなどのスキルが向上し、伝えたいことがよりよく伝わる情報発信ができるようになります。まだまだではありますが、一時と比較すると、私自身の情報発信においても、それを実感しています。

ただ、実はARCHIVE情報においての「量質転化」というのは、もう1つの意味を持ちます。

私がリピーター創出に特化したコンサルティング活動を開始して間もなくの頃は、クライアントの獲得に四苦八苦していました。活動に興味は持ってくださるものの、コンサルティングのお問い合わせや契約には至らない、そんな状況が続いていたのです。

そこで、私は「リピーター創出」についてのコラムを1年と少しかけて100本執筆し、公開したのです。これが状況の好転を招いてくれました。今まで何の反応もなかったホームページから、ポッポッとお問い合わせが入り、契約につながったのです。

世の中には「全く新しいノウハウ」など多く存在しませんから、私のコラムのほとんどが「どこかで聞いたことのあるような話」です（もちろん、自身で経験したことなどの一次情報は盛り込みましたが）。文章も決して上手くありません。

しかし、リピーター創出について書かれたコラムが100本あります。この文量という事実が、「ココに書かれてあることは役に立つ」という質、つまり感覚や感情として伝わったのです。

文章や写真、しゃべりを含めた動画の技術向上という側面と、**一定数量の蓄積そのものが質としてとらえられる**という側面。

この2つが私の考える、ARCHIVE情報の「量質転化」です。

PUSHの情報発信で販売のキッカケを作る

これまでご紹介してきた、CONNECTの情報（ツール）と、ARCHIVEの情報（ツール）には、致命的な弱点があります。それは、**その情報までたどり着いてもらわなければ、情報に触れていただけない**ということ。

ブログをせっせと書き、SNSで「ブログを書きました！」と情報発信をしていたとしても、そのSNSをユーザーが使わなくなってしまったらおしまいです。どんなに素晴らしい情報であっても、届かなかったら意味がありません。

そこで、この弱点を補うために活用するのがPUSHの情報発信です。PUSHの情報発信とは、相手に忘れ去られることを防ぐのです。コチラから相手に送り届けることができる情報発信のことを指します。ツールでいうならば、ニュースレターやメールマガジンの類がこれにあたります。

私自身も、ＣＯＮＮＥＣＴの情報発信として各種ＳＮＳを活用し、ＡＲＣＨＩＶＥの情報発信としてブログや実績の記録を日々したためていますが、今なくなったら一番困るもの、それがこのＰＵＳＨの情報発信（ツール）です。

現在、１６００日ものあいだ、毎日ＰＵＳＨのツールとしてメールマガジンを配信しています。

この数年間の間に流行りのＳＮＳはガラリと変わりました。放っておくとブログのアクセス数はガタガタと下がっていってしまう今、この**ＰＵＳＨの情報発信をおこなうツールこそ、私のビジネスの命綱、生命線である**といっても過言ではありません。

ただ、気をつけなければならないこと、ＰＵＳＨのツールといえども、目的は「情報発信」であるということ。決して「買ってくれ！」というＤＭではないことをしっかり理解しておいてください。

過度な売り込みをしなくとも大丈夫です。ご紹介したＣＯＮＮＥＣＴ・ＡＲＣＨＩＶＥ・ＰＵＳＨの３情報を重ねて受信している方が、いつのまにかお客様に変わっていきますから。

メールマガジンの侮れない効果

私がお盆もお正月も休まず、毎日出しているメールマガジンですが、現在1600号を超えました(2018年12月現在)。始めた頃は読者数2桁が数カ月続き、3桁が数年続き、現在は4000名ほどの方にお読みいただいております。

さぁ、この4000名の読者の皆様、毎日欠かさず私からのメールマガジンをお読みくださっているかと言いますと、答えはNOです。

自身も10件ほどメールマガジンに登録していますが、全てに目を通すことは絶対にありません。なかにはメルマガ専用の受信フォルダの中に数カ月読まずに放置していたり、読まずに削除してしまうことも多々。

おそらく、私が配信しているメールマガジンも、同じ状況にあると思います。

でも、私はこれでいいと思っています（本当は読んで欲しいですが）。たとえ本文が読まれなくても、受信フォルダに私からのメールマガジンが届いているという事実のみ、ちらっと意識をしていただければ「ＯＫ！」なのです。

情報が不要だと思ったら、購読を解除されるハズです。解除されないということは、興味はあるが時間がない（面倒くさい）状況なので、解除ではなく、削除または放置されるわけです。

この方達は、**いつか戻ってきてくれます。**

現に私も、ふと時間ができた時、溜まっていたメールマガジンをザーッと読み、久々に情報に触れた方がいらっしゃいます。久しぶりに読み、たまたまそこで紹介されていたセミナーに興味をもち、参加させていただいたこともありました。

また、メールマガジンの内容を2年ほど読んでいなかった方でも、定期的に受信フォルダに届くその方の送信者名がいつのまにか記憶に残っており、ふとした瞬間「○○と言えばあの人だ」と思い立ち、ご連絡したことも1度や2度ではありません。

こうやってボディーブローのように、アナタの名前をじわりじわりと相手の脳に刷り込んでいく、この効果も侮れません。

「買ってください」ではなく「売ってください」を作る情報発信の3要素

「情報発信をしましょう」と言うと、ついついセールスをしてしまいそうになります。「コレを売っています、買ってください！この商品はこんな素晴らしい特性を持っていて……」

しかしながら、前項でお伝えしたとおり「情報発信」というのは、既知の人に向けて「関係性強化」「忘却防止」「理解深化」のためにおこなう行為です。「買ってください」という情報を一方的に投げかけるものではありません。

言い換えるならば、関係性強化や理解深化の末、お客様に内在し始める「欲しい」という感情を喚起し、その後「欲しいんですが」「売ってください」という行為につなげるためのものと言ってもよいでしょう。

では、お客様のなかに「欲しい！」「売ってください」という感情を作り出すためにはどのような情報を発信すればよいのか？

アナタが発信している情報によって、お客様の中にこの3つが沸き起こるか？

ここを確認してみてください。

①専門家であることの認知
②信用や信頼性
③買い方の教示

それでは、この3つを順に解説してまいりましょう。

①専門家であることの認知
まず、何と言っても必要な情報が、アナタがその分野の専門家であるという認知をしてもらうための情報です。当たり前のことのように思う方が多いかと思いますが、多くの方が「どんな情報を発信すれば専門家として認知してもらえるか」の理解を誤ってしまって

います。

たとえば、税理士さん。当然「税」の専門家ですから、その専門家たる情報を発信していくのですが、さぁ、どんな情報を出すのがベストだと思いますか？

ここで多くの税理士さんが、消費税の仕組みや、納税に関するルールなど、「税」についての情報を提供しようとします。ここがもったいないポイント。

美容師さんが、カットやパーマ、カラーリングなどの技術をこと細かに解説したり、Ｗｅｂデザイナーがデザインの技術を解説したり、というのも同様です。

つまり、アナタの持つ**専門知識の解説**という情報ですね。

たしかに、専門家として専門分野の情報を発信していることに変わりないのですが、この「アナタの専門知識」を情報として提供しても、実は次のステップ（お問い合わせなど）につながることは稀です。

なぜならば、情報を受け取る側はアナタという人間に興味を持っているのではなく、発信される専門情報に興味を持っている状態になってしまうからです。専門家として、自分の知識を役に立ててもらえることは嬉しいのですが、その後につながらなければちょっと残念ですし、情報発信を継続するモチベーションも消滅してしまいます。

では、アナタが発する情報のみに興味を持ってもらうのではなく、専門家として認知してもらいながら、アナタ自身に興味を持ってもらうにはどうすればよいのでしょう？

自分の持つ専門知識を使って、お客様のどんな「不（不安・不満・不便）」をどのように解決することができるのか？

単に、知識の解説をするのではなく、その知識やノウハウを使用すれば、誰のどのような「不」をどうやって解決できるのか？

そして、解決できた先にはどんな世界が広がっているのか？

こんな情報です。

この情報に**最もマッチしているのが「事例（ケーススタディ）」**です。アナタが実際に取り組んできた事例を、公開できる範囲で詳細に情報として発信する。これこそが、専門家としての認知と、アナタ自身への興味を喚起する情報となります。

②信用や信頼性

アナタが発信する情報から信用や信頼性が伝わるために、２つのポイントが必要となります。

まず1つが、エビデンス（証拠・根拠）です。ただエビデンスと言っても、すべての情報に科学的根拠をつける必要はありません。**二次情報の流用は避けましょう**ということです。

よく、どこから発生したのかわからない、ひょっとするとデマかもしれないような情報を転載やシェアしている方を見かけますが、これが信用を落としてしまう行為なのです。

また、人伝いに聞いた話や、偉人が残した名言などをそのまま転用した情報は、注目を浴びる可能性は高まりますが、同時にアナタの信頼性を落としていることがあります。

気をつけてください。もし、二次情報を使用したい場合は、その二次情報を得たアナタの意見を加えてください。そうすれば、アナタの意見という一次情報になります。

もう1つが**「継続」**です。情報は3種類（CONNECT・ARCHIVE・PUSH）という項で、ARCHIVE情報は「量」で圧倒する、ということをお伝えしました。

この「量」を長年かけて「継続」して積み上げてきたということが伝わると、さらに情報の受け手を圧倒する（信頼を勝ちとる）ことができます。

自分で言うのもアレですが、今こうしてありがたくアチラコチラでお仕事ができているのは、１６００日以上も毎日配信しているメールマガジンと、２０００日以上書き続けているブログ、１５００本分の講演記録、これのおかげです。

その内容というよりも、それを数年間休まず続け、記録を続けているという行為そのものが「信用」につながっているのです。講演の主催者やコンサルティングのクライアント、その他ビジネスのお客様からかけていただく言葉の端々から、それを汲みとることができます。

ということで、お客様からの「信用」を獲得するために私達がやるべきこと。それは、**自分の言葉で一次情報を発信し「続ける」ということ。**これは、特別な知識や経験が必要な作業ではありません。誰もができることです。

しかし、誰もが面倒になって止めてしまいます。だからこそ、継続する（できる）人間は信用されるのです。

③買い方の教示

案外、忘れられがちな情報がコレです。アナタが専門家であること、数々の経験を積んで、きっと自分の役に立つ商品やサービスを提供していることも理解できた。さらに自身の言葉で語る情報で人柄も理解できた、コツコツと継続している姿に信用も得たとします。でも、**アナタの商品って、どうやって買うの？**

ここです。ここを忘れてしまうのです。先日もＳＮＳ上で書籍を出版した友人を持つ方が、その著者の本を紹介していました。

友人が出版した本を読んで、こんなふうに感銘を受けたとのこと。早速、書かれていたノウハウを取り入れて仕事をしたところ、少しずつ、こんな効果が出てきたというふうな紹介です。この人の意見（一次情報）を読んで、私もその本を読んでみたくなりました。

で、私が思ったのは、「あれ？ ＵＲＬないの？」。「せっかく読みたい！」と思ったのに、その本を購入できるサイトのＵＲＬが記載されていませんでした。

結果、検索して探すのを面倒に思う私は、その本を購入しませんでした。きっと、この文章の最後に本の販売ページのＵＲＬがあれば、クリックして1冊買っていました。

簡単に言えば、こういうことなんです。

・お店の情報を出しているのに、営業時間や定休日が書かれていなかったので（調べるのが面倒になって）行かなかった

・事例として紹介されていたようなコンサルティングに興味があるのに、申し込み方法や価格が明記されていなかったので、躊躇しているうちに申し込みを見送った

アナタも情報の受け手であるなら、こんな経験、あるはずです。

せっかく情報や、その背景にあるアナタの商品やサービスに興味を持ってくださったのに、「買い方」がわからないために見送られてしまう。こんなもったいないことはありません。

「買ってください！」という情報は控えめに、と言いましたが「こうやって買います」という情報は、ぜひ積極的に発信してください。

第7章

実録「ひとり社長」ができあがるまで

ひとり社長として歩み始めた理由

２００８年、それまで経営していた企業を売却・譲渡し、私は「ひとり社長」としての道を歩み始めました。20代から30代半ばまで、飲食・福祉・製造・卸・小売・システム開発など、複数の企業を経営してきて、わかったのです。

自分には「組織」を率いて事業を拡大していくという経営スタイルが合わないというか、向いていないということが。

組織が拡大すると売上とともに、「人」に関する業務や問題が一気に増えます。採用や人事評価、メンタルのケアといった業務にリソースを割かねばならなくなったり、突然の退職、派閥争い、時に横領事件やお客様とのトラブルなどの問題処理にあたったり……。

まぁ、いずれも私の能力不足がもたらしたことではあるのですが、この状況に耐えられなくなり、私は「ひとり社長」として生きていくことを選択しました。組織や規模を拡大する経営ではなく、ひとりで気兼ねなく、やりたい仕事をやりたいようにやる生き方。そちらに思い切って舵を切ったのです。

とはいえ、そう簡単に転身することなどできません。その時まさに経営していた会社や組織もありますし､お客様もたくさんいらっしゃいます。しんどくとも「人や組織」にきっちり向き合えば、そこそこ安定した売上や利益をキープできますし、生活に困らない収入を会社から得ることもできます。1年ほど悩みました。

でも、ここから数十年、残りの人生をもっと楽しく過ごしたいという思い上がりにも似た衝動で、私は全ての会社の経営から身を引くことを決断したのです。「ひとり社長」として歩みを進めることとしました。

そんなストーリーを「ひとり社長」にとって重要になるであろうポイントごとにまとめてみました。

「ひとり社長」の商品開発 譲れない5つのポイント

「ひとり社長」として再出発をするにあたり、まずは「何を売る」のかを決める作業、つまり、商品作りにとりかかりました。その時私が重要視したポイントは第3章でお伝えした「在庫なし」「前入金」という2つに（さらに）3つのポイントを加えた、

①仕入れや在庫が不要
②高額な初期投資を要さない
③高利益率
④今までの経験が活かせる
⑤代金を前払いいただける

この5点。難易度は高かったですが、それまでいくつかの企業を経営してきた経験から、

これを満たすビジネスが始動できれば「潰れない会社」が作れることを確信していました。

そのため、必死でこの5点を満たす商品を探し求めました。

システム開発やＷＥＢマーケティングの会社を経営していた経験があるので、ホームページ制作やＷＥＢマーケティングの支援事業を検討しました。

しかし、「高利益率」「代金を前払いいただける」というポイントに合致しないので、見送りました。

画期的な商品の販売代理のお話をいただきましたが、こちらも「高利益率」「代金を前払いいただける」に合致しないので、見送らせていただきました。

構想数カ月、ようやく「経営コンサルティング」という商品にたどり着きました。

モノを販売するわけではありませんから、仕入れは不要。特に高額な設備も不要。粗利率がほぼ１００％のビジネスですから高利益率。いままでの企業経営の経験が活かせる。そして、全額もしくは一部を前入金いただける。「コレだ！」と。

コンサルティング業は未開の地でしたが、この5点を満たす「経営コンサルティング」を「ひとり社長」としてご提供する。そう決意して、コンサルティング業に進出したのです。

コンサルティングを知るためのコンサルティング

とはいえ、今までコンサルティングという商品を提供したこともなければ、それまでの企業経営時にコンサルタントを活用したこともない私。右も左もわかりません。

ということで、ネットで調査を開始しました。実にたくさんのコンサルタントが世の中で活躍していることがわかりました。

「お店に特化したコンサルタント、財務のコンサルタント、ネット集客のコンサルタント、人材育成のコンサルタント……」など、独自の専門性を打ち出されています。

コンサルティング料も1回60分で3万円の人がいたり、3カ月で200万円の人がいたり、金額もバラバラだということがわかりました。

さて、どうしたものか。調べていてもらちが明かないので、「コンサルティング業向けのコンサルタント」の門をたたく決意をしました。ネットで調べると「コンサルティング業のコンサルタント」の方が何名か出てきましたので、3名のコンサルタントにしぼり、コンサルティングの申し込みをしました。

3名のコンサルタントとも「コンサルタントとして成果を出す」という同じゴールに導いてくださるコンサルティングなのですが、その「方法論」や「期間」、そして「金額」もバラバラでした。

・コンサルティングのカリキュラム作りをメインに据えたコンサルティング
・見込みのお客様を集めるなど、主に集客や営業に重きをおいたコンサルティング
・コンサルタントのWEB戦略を教えてくださるとともに、ホームページなどの成果物完成までセットになったコンサルティング

コンサルティング料も十数万円から百数十万円まで。

そこで会得したノウハウが、その後役に立っていることは言うまでもありませんが、一番役に立ったのは、**コンサルタントの「在り方」を間近で見られたという経験**です。

・面談の進め方などクライアントとどのように接するのか？
・契約の始まりと終わりはどうなっているのか？
・コンサルティング料の相場観はどれくらいか？

これを間近で見ることができました。
そして、そのサービスに申し込みをする際や提供を受けている時のクライアントとしての自分が何をどう感じたか？

これら含め、コンサルタントの「在り方」をリアルに感じることができたのが、一番の財産になったのです。このような経験を通じて、確信しました。**自分が買ったことのないものは、人に売ることが難しい**、と。

人生初セミナーに挑戦

前出の「コンサルタントのコンサルタント」の先生が全員口を揃えて「クライアント獲得にはセミナーを開催すべき」とアドバイスをくださったので、人生初のセミナーを開催することにしました。

今となっては、セミナーや講演会が日常のお仕事になっていますが、当時の私はセミナーなど開催したことがありません。

そこでまず、前項の教え（「自分が買ったことのないものは、人に売ることが難しい」）に沿って、あちこちで開催されているセミナーに参加してみました。

超メジャービジネス誌の名前が冠につき帝国ホテルを会場とした、受講者300名規模のセミナーから、貸し会議室でコンサルタントが主催している10名規模のセミナーまで。タイミングがあったセミナーに片っ端から参加しました。

なんとなく「セミナー」というものが理解できてはきましたが、自分が開催するイメージがどうもわきません。

そこで、またしても専門家の力を借りることに。「セミナー講師になる、セミナー講師として活躍する」方法を教えてくださる講座に参加したり、コンサルティングを依頼したりし、ノウハウを吸収すると同時に（少なくない投資をしておりましたので）やらざるを得ない状況を作り出しました。

教わった通りに準備をし、告知をした結果、人生初セミナーには20名以上の方がご参加くださいました。受講料は３０００円ですから、売上が6万円。会場費と販促費を引くと1万円ほどしか残りませんが、商品販売ではなく自分の身体だけで1万円の利益が出たことに少々興奮したのを覚えています。

そして、そのセミナーを受講してくださった方が、自分のコンサルティングにお申し込みくださったら……、そうワクワクしながら、セミナーを開始しました。

セミナー終了後、「いやぁ、よかったです」と満足の評価をいただいた受講者さんを見ながら、ガッツポーズ。「よし、コンサルティングのお申し込みが来るぞ！」と思ったのですが、残念ながら**お申し込みはゼロ。**

その時の私は、何が悪かったのかよく理解できず、きっと「たまたま」だろうと高をくくっていました。そして、1万円の利益が出たセミナーに気をよくして、第2回のセミナーを企画し、せっせと準備を開始しました。

2回めのセミナーは、受講者が10名ほどでした。セミナー単体でみても赤字です。「これは一生懸命セミナーをして、コンサルティングにお申し込みをもらわないと」そう意気込んでセミナーを実施、終了後のアンケートでも満足の評価を頂戴したのですが、なんと再びコンサルティングのお申し込みはゼロ。

焦った私は、すぐに3回めのセミナーを企画。せっせと準備をして告知をしたのですが、なんとセミナーのお申込みはゼロ。ここで完全に心が折れてしまいました。

お断りしておくと、その時教えていただいた「セミナー開催のノウハウ」は本物でした。準備するもの、告知の方法、伝え方、アンケートのとり方。全て上手く回っていました。しかし、私は「セミナーからコンサルティングの契約を獲得する方法」を知らなかったのです。だからこのような結果を招いてしまい、セミナーに疲れてしまったのです。

「呼ばれる講師」という存在を知る

完全に心が折れてしまった私は、次のセミナー企画をする気力を失っていました。そんな時、加入していた商工会議所からＦＡＸＤＭが届いているのを目にしました。何気に手にとって見てみると、セミナーの案内だったのです。そこで気づきました。

自分で企画して、自分で告知や集客をして、自分で話さなくとも、この手があった！

「商工会議所が主催のセミナーに登壇できれば、自分でせっせと骨の折れる集客活動をしなくとも、自分のセミナーを聞いてもらうことができる。しかも、講演料という売上をいただくこともできる。コレだ！」

そんな衝撃を受けた私は、この「呼ばれる講師」になるにはどうすればよいか、コレを徹底的に調べ始めました。すると、「呼ばれる講師」になる方法を教えてくださるコンサルタントの先生が数名いるということを知り、早速、門を叩きました。

世の中には、商工会議所や商工会、法人会といった経済団体が多数存在しており、そこでは定期的に講師を招聘して講演会やセミナーを実施していること。そして、それら団体は、講師をどのようにどんなタイミングで探しているのか。講師のどこを見て、採択に踏み切るのか。講演とセミナーの違いなど、業界の知識を叩き込んでいただきました。

本を出していると有利であるとの情報も得て、出版にもチャレンジ。私自身、初の著作を上梓させていただいたのもこの時期です。

そして、自分で営業するのではなく講師エージェントと呼ばれる紹介会社様にアプローチし、数カ月後、初めて商工会議所での登壇を果たすことができたのです。

初めて講師の依頼が来た時の感動は、今でも鮮明に覚えています。

私の初講演は、交通費別の2時間3万円という講演料でした。学びに投資はしてきましたが、在庫を持つでも商品を流通させるでもなく、**自分が「話す」というだけで売上があがる。**しかも、交通費という経費までご負担いただける。残念ながら先の5点のうち「前入金」はかないませんでしたが、これこそ「ひとり社長」のビジネスだ。

そう感じた私は、どうすればもっとたくさんの主催者から「呼ばれる講師」になれるのか、日々研究に没頭しました。

商品の絞り方

「呼ばれる講師」としての出番を増やすため、あの手この手、試行錯誤を日々続けました。

長く活躍している講師と、華々しく活躍していたかと思ったら表舞台から姿を消してしまう講師の比較を徹底的におこないました。

また、世の中の主催者さんは、どんなテーマのどんな講師を探しているのかを徹底的にリサーチしました。


そこで、2つのポイントが見えてきたのです。

1つは**「普遍的なテーマであること」**。

その時に流行っているツールや、その時の社会的時流に合わせたテーマで講演を作ると、その瞬間、一気にブレイクする確率が上がります。

しかし、新たなツールの出現でそのツールが廃れてしまったり、その社会的時流（ブーム）が終焉を迎えると、その講演ニーズも下火になります。「○○といえば誰それ」という色がついてしまった講師は出番を失いかねません。
だから扱うテーマは普遍的でなければならない、ということに気づいたのです。

そこで私は、自身の経験を棚卸しし「リピーター創出」という普遍的なテーマを掲げ、講演コンテンツを練り込んでいきました。


そしてもう1つが**「講演は楽しくなければいけないこと」**。

何らかのノウハウを持った講師が登壇するワケですから、「有用なコンテンツ」であるのは当然のことです。

しかし、講演会の主催者が求めているのは「有用なコンテンツ」だけではないということに気づきました。

「有用なコンテンツ」を得るだけの目的であれば、本やネットで十分。受講者を集めて講演会を開催する主催者さんは、それに加え「来てよかった」という満足度を受講者に得て欲しいと思っています。

そうすれば、主催者さんが以降開催するイベントへの参加者アップが見込まれるわけですから。

そこで私は受講者さんが「来てよかった」という感想を抱くには、どんなポイントが必要になるのかを研究しました。

結論から言うと次の2つに集約されます。

・「わかりやすかった」という感想が最も「来てよかった」に近い感覚であること
・頭の中でぼんやりしていることを明確に言語化してもらえた時「腑に落ちた（楽しい）」という感情になること

これは大きな気づきとなりました。

講演やセミナーは文章と異なり、途中で「ん？」と理解できない場面に遭遇した際、受講者さんはさかのぼって確認することができません。

だから、理解困難にならないよう、使う単語やシナリオの組み立てなどに最大限注力する必要があることが理解できました。

また、「間」のとり方一つで笑いが起きたり起きなかったり、理解が深まったりすることも知りました。

その他、事例の使い方やコンテンツの密度など、とにかく受講者さんに「わかりやすく、もやもやしていることを言語化する」にはどうすればよいか、研究を重ねたのです。

結果、劇的に依頼数を増やすことができたのですが、これは講演に限らずどのような業種のサービスにも同様のことが言えます。

アナタの扱う商品が「普遍的なもの」であるか？

お客様はアナタの「商品そのもの」だけが欲しいのではなく、付随する感情を最大化したいと願っているということを理解し、その付加価値をしっかり提供できているか？

これが強い商品を作るための着眼点です。

売ってもらうために必要なこと

先の項でお伝えしたように、必要とされ続ける商品（講演）を必死になって作りましたが、これだけでは講演オファーが増えることはありません。

「商品力は必要条件であるが、十分条件ではない」のです。

つまり、いい商品でなければ売れませんが、商品がいいだけでは売れないのです。そこで今度は、売り方を必死で模索しました。

当時は、講師エージェントさんに営業の全てをお任せしていました。講師エージェントさんには、たくさんの講師が登録しており（日本最大のエージェントさんには1万人近い講師が登録しています）、ややもすると、そのたくさんの講師のなかに埋没してしまいます。とにかく、担当者さんに「主催者にこの講師（一圓）を提案しよう」と思ってもらわなければ出番は来ません。

選んでもらうために、仕切り（講師側が受け取る講演料）を下げてしまう講師が居るのですが、これは逆効果。

選んで欲しいために価格を下げる、どんなビジネスでも同様ですが、その先に「しっかり利益が出るビジネス」はやって来ません。

そこで私がやったこと。それは、案内しやすいように自分自身のチラシを作ったり、企画書を数パターン用意したり、販促用に私の書籍をドサッとプレゼントしたりです。他の講師を見ると、プロフィールやテーマを登録しただけの方がほとんどだったのですが、エージェントさんが主催者に営業する際、いちいちその講師の営業資料を作るのが面倒だろうなと思ったのです。

ですから、エージェントさんが主催者さんに営業する際、そのまま使えるような営業ツールを私のほうで作ってご提供しました。

また、主催者さんが講演会やセミナーを開催する際に使用する「告知チラシ」の雛形も私のほうで作り、エージェントさんにお渡しししました。

すると、エージェントさんとしては営業ツールを作成する手間が省ける。主催者さんとしては、私（一圓）を選ぶと、告知チラシの雛形まで用意されているため、チラシを一から作る手間が省ける。

講演（商品）の内容ももちろん大切ですが、採択されるためには**「売りやすく」するということ**も大切なのです。

これを徹底した結果、講演活動を開始して数年後には年間３００本以上の講演オファーを頂戴することができました（残念ながら、スケジュールの都合などですべてのオファーにお応えはできませんでしたが、１年間に２６７箇所での登壇機会をいただけました）。

絶頂期にこそ、次の一手を

適切な商品（講演）作りと、売ってもらいやすさの追求。これによって、（本当にありがたいことに）年間の登壇数が200回を超えるようになりました。

コンサルティングは、ほぼお請けできない状況でしたが、毎日のように新幹線や飛行機に乗って、日本全国を飛び回る生活に充実感と満足感を感じていました。

「人のお役に立てて、旅費等の経費をほぼ全て負担していただき、しっかり講演料まで頂戴できる。なんて素晴らしいお仕事なんだろう！」

そんな満足感を噛み締めていたのですが、ある時ふと不安に襲われたのです。

「今はこんなありがたい状況が続いているけれども、これがあと何年続くかわからない……」

「いくら普遍的なテーマとはいえ、もっと素晴らしい講師が出てくる可能性もあるし、自分が飽きられる可能性だって大いにある。まずい……」

そう考えた私は、事業の柱を「講演」一本から「講演」と「コンサルティング」の2本に再構築する作業を急ぎました。

しかし、ここで問題が出てきます。

主催者さんに呼んでいただいて登壇する「講演」で、自分のコンサルティングをあからさまに営業することはできません。

また、講演会で受講してくださる方とは、その場限りの関係性であることがほとんどですから、その後の関係性もないに等しい状態。講演会終了後に「コンサルティングをお願いします」と言ってくださる方などほぼいませんから、コンサルティングを提案する機会もありません。

ここで開始したのがメールマガジンです。講演会で露骨な案内はできませんが、レジュメの片隅や、講演会中の雑談的トークの中で、メールマガジンを出している旨をさらっと告知しました。

また、名刺交換をさせていただいた方に講演会ご参加のお礼メールを差し上げ、その文末にメールマガジンを出していることをさり気なくご案内し、興味を持っていただいた方にご登録いただくという活動を開始しました。

1回の講演会登壇で、メールマガジンにご登録下さる方は数名、多い時で十数名ではありますが、少しずつ「一度私の講演会を聞いて下さった方」にご登録いただき、日刊でお役に立つ情報をお届けする。情報発信の章でいう「PUSH」の情報発信ができる環境を整えていきました。

5年たった今、読者数は4000程度ですが、私のビジネスにとって生命線とも言えるツールとなっています。あの講演会登壇の全盛期に、この環境を作り始めてよかったと心から思っています。

値付けのマジック

全国からお声がけいただき登壇する。そんな素晴らしい「講師業」としてのお仕事に恵まれていながらも、先行きに不安を感じ「講師」「コンサルティング」二本の柱をしっかり作っていきたい。そのためには「講師」のお仕事を（泣く泣く）少しセーブする必要がありました。

そこで私が採った策が**「値上げ」**でした。講演料を一気に倍近くまで値上げさせていただいたのです。ひょっとして依頼がゼロになるんじゃないかと内心不安でいっぱいでしたが、値上げした結果、ちょうど狙ったくらいの依頼本数に落ち着きました。そして、驚いたことが1つ。

主催者さまの属性がガラリと変わったのです。それまでは、地域の経済団体が主催する、受講者数30から50名ほどの経営セミナーに登壇する機会がほとんどでした。

講演料を倍にした結果、同じ経済団体さんでも年に一度の記念講演会のような、受講者数100名以上の講演会に呼んでいただいたり、全国に支社を持つような企業様からの講演依頼が多数を占めるようになったのです。

ここで大きな学びを得ました。**「講師」のようなスペックを数値で絶対評価できない商品においては、「価格」というのも、その商品のクオリティを示唆する要素になる。**つまり、価格が高いということは、それなりのクオリティなのだろうと、理解していただけるということなのです（当然、その価格に見合うものを提供できなければ、そこでおしまいになってしまいますが）。

これを身をもって経験した私は、その後もジワリジワリと値上げを続け、今では初登壇の8年前と比較すると数倍の講演料をご提示させていただいております。結果、上場企業様はじめ、名だたる企業様とのお取引を実現できました。

その後、コンサルティングや他の事業も同様なのですが、最初に設定した価格で精一杯努力し、お客様が増えてきたら値上げさせていただく。

残っていただけるお客様、去ってしまわれるお客様がいらっしゃいますが、去られた後の空きスペースに値上げした新価格に反応し、新たな層のお客様が入ってきてくださる。

このサイクルで、じわりと成長してくることができました。

売上の成長だけではなく、価格を上げたことによるプレッシャーに打ち勝つべく、商品やサービスそのもののクオリティーにおいても、成長を遂げてこられたかなと手前味噌ながら感じています。

PUSHだけでは売れない フロントエンドとバックエンド

お盆も正月も休まず、日刊メールマガジンの発行を続けました。メールマガジンの内容を抜粋して、ブログ記事にもし、毎日アップを続けました。その効果を感じたのは、**毎日配信を続けて1年後**くらいでしょうか？

「○○で講演会に参加した者です。私が理事を務める会での講演をお願いできますでしょうか」

このような、講演のオファーがポツリポツリと入り始めたのです。講演会を実施するシーズンというのは、各団体ある程度似通っていますので、ご受講いただいた翌年のそのシーズンにメールマガジンを購読している講師（一圓）に講演依頼をくださったようでした。

それを皮切りに、今もなおメールマガジンを購読いただいている方が講演のご依頼をくださることが少なくありません。

「これは使える！」そう思った私は、そのメールマガジンでコンサルティングの販売を試みました。講演のご依頼ではなく、もう一本の柱にしたいコンサルティングをメールマガジンを通じて販売できればと目論んだのです。

私が販売したコンサルティングメニューは、半年契約で78万円というものでした。意気揚々と告知を開始しましたが……、全く反応がありません。

ただ今となっては理由がわかります。一度講演を受講したことがあって、その講演に満足をしていたとしても、そして日々のメールマガジンで多少の親近感を抱いていたとしても、いきなり78万円のコンサルティングには申し込みませんよね。自分が消費者の立場にたって考えればすぐわかりそうなものです。

そこで私は第6章でお伝えしたような、ARCHIVEの情報蓄積を充実させるとともに、お申し込み前の事前説明を兼ねたセミナーを開催、そちらのご案内をメールマガジンで行わせていただく作戦に切り替えました。

また、過去のセミナー失敗（連続お申し込みゼロ事件）の経験から、セミナー&ご説明会と銘打ったセミナーを開催し、そのセミナーにはコンサルティングサービスのご説明が含まれていることを事前に告知するようにしました。

さらに、セミナー内容も充実させ、受講料を1万円程度に設定。

すると、コンサルティングへのお申込み前提（コンサルティングを検討してくださっている状態）のお客様がセミナーにご参加くださり、ご参加くださった方から3割程度、コンサルティングへのお申し込みを頂戴することが可能になったのです。

ここで、**「フロントエンド」「バックエンド」という商品の使い分け**を身をもって体験会得することができました。

「興味はあるが、いきなり単価の高いものを買うのは怖い」

こういう当然の顧客心理を理解し、まずはお試しや入門編（フロントエンド）を見せ、そこで確信いただいた後にバックエンド商品をお買い求めいただく。この流れをしっかりと作る必要があるのです。

労働集約型ビジネスからの脱出

年間100本程度の講演依頼を頂戴し、講演先で出会った方々とメールマガジンやブログでゆるく関係性を構築。年に数回、自主開催セミナーを開催し、メールマガジンやブログで告知。過去に講演を聞いて下さった方々にご参加いただき、ご興味がおありの方にはコンサルティングサービスのお申し込みをいただく。

このように、日々充実した「ひとり社長」ライフを送っていたのですが、ある盲点に気づきました。

それは、このビジネスが**完全に労働集約型である**ということ。つまり、私（一圓）が動かなければ売上が上がらないビジネスモデル。

逆に言えば、私が病気や怪我で動けなくなったらそこで終了してしまうビジネスモデルであるということです。

自分が直接動かなくても売上が上がる仕組み。ここで多くの方は、組織を作り、自分不在でも活動ができる体制を構築しようとされます。これは当然のことで異論はありません。

しかし、前述のとおり、私は組織化に向いていない人間ですので、組織化せずとも労働集約型ビジネスモデルから脱却できないかと、必死で考えました。

まず取り組んだのが**「商品（モノ）」の開発**です。講演やセミナー、コンサルティングは私の身体を必要としますが、モノであれば私の身体を必要としません。

そこで第3章「一石多鳥」でお伝えしたように、開催したセミナーを録音し、音源ファイルとしてダウンロード販売する事業を開始しました。

今は便利なネットショップ構築サービスがたくさんありますので、セミナーを録音したファイルをアップロードするだけで決済の代行や、ダウンロードの管理など全ておこなってもらえます（現在、私はＢＡＳＥというサービスを利用しています）。

セミナーを開催し、それを録音、ごく簡単に編集するだけで手間いらずの商品が完成。販売管理は全てお任せという状態ですから、私はメールマガジンなどで告知をするだけです。受注管理をしたり、梱包や発送をしたり等、身体を伴わなくとも売上を作ることが可能となりました。

これで、新たな売上の柱（三本目）を作ることができたというわけです。

自分の経験が誰かの役に立つひとり社長が売るべき商品

今までご紹介してきたとおり、私はコンサルタントとして旗を掲げるも一旦挫折。しかし、講演という業界を研究し、ある程度の結果を出し、そこからメールマガジンなどの情報発信で自主開催のセミナーにお越しいただき、コンサルティング契約をいただきました。

そしてそのセミナーを音源ファイル化して販売し、労働集約型だけでない三本の柱（講演・コンサルティング・商品販売）でビジネスをおこないました。

必死にもがき続けて来たこの経験と、今（まだまだですが）実現できているこのノウハウを知りたいという声をいただく機会が、ここ数年で増えてきました。

・コンサルタントとして独立したいが、何から手をつけていいのかわからない方
・講師として活躍しているが先行きに不安を感じている方

・バックエンド商品の販売を目的としたセミナーを開催するが、集客が思うようにいかない方や、商品のお申込みに繋がらない方

まさに、過去私がぶち当たった壁に行く手を阻まれている皆さんから、お問い合わせをいただく機会が増えたのです。

そこで私はＬｅｃｔ Ｌａｂという屋号（２０１８年に株式会社化）で、講師ビジネスに携わる方向けの講座や、各種ご支援サービスをおこなう事業を開始しました。

半年という時間をかけて、私が体験会得してきたノウハウを全てお伝えする講座を開催しているほか、講師のプロモーションのご支援をしたり、コンサルティングの商品作りをお手伝いしたり。

当然、この会社も講座という労働集約型の柱と、プロモーションでの成果報酬・継続報酬という非労働集約型の柱を作り「ひとり社長」で経営しています。

このように、自分が必死でもがき苦しみ、その先に何かを手に入れた経験というのは、その**ノウハウそのものが商品となる**のです。

自分の知識や経験が商品ということは、

・仕入れや在庫が不要
・高額な初期投資を要さない
・高利益率
・今までの経験が活かせる
・代金を前払いいただける

この全てを満たしますから、「ひとり社長」に最も適したものと言えるでしょう。

だから迷わず、前に進みましょう。商品開発のこと、販売戦略のこと、お金のことやパートナーシップのこと。時に立ち止まりたくなる気持ちはよくわかります。

しかし、前に進みましょう。その「もがいた経験」こそが次のアナタの商品になるのですから。

おわりに　「ひとり社長」が見据える先

今まで自身で経験してきたことや得た知識、培ってきたパートナーとの関係性。これらを使い、今さらに2社「ひとり社長」の会社を作る計画を立てています。

私が直接コンサルティングや講演、セミナーをおこなうコンサルティング会社は私の本業として一生経営していきますが、新たに作る会社は、私という個人に依存することはないでしょう。

「ひとり社長」でもしっかりと回るビジネスモデルを構築し、売上と利益を確保できるようになった暁には、誰かにお譲りするか、もしくは私以外の誰かを「ひとり社長」としてお招きし、私はそれらの会社の第一線から退こうと考えています。

ただ、おそらくまた別の「ひとり社長」の会社を立ち上げるんでしょうが（笑）

このようにして、「ひとり社長」の会社を束ねる「ひとり社長」の会社の「ひとり社長」になりたいと考えています。

なんだかややこしい話になってきましたが、とにもかくにも、組織を持たず、労働集約型と非労働集約型の事業で柱を作り、一石多鳥のビジネスモデルを実現していく。そんな活動が、私の「一生やり続けたいこと」なのです。

そして、この「一生やり続けたいこと」をトコトンまでやり尽くせるのが「ひとり社長」の醍醐味です。

私がやってきたような講師やコンサルティングというお仕事でなくてもかまいません。あなたが「一生やり続けたいこと」を「ひとり社長」として実現するため、少しでも回り道を減らしていただければという想いでこの本を書かせていただきました。

最後に

「はじめに」でも書きましたが、本書は私の失敗事例集です。その失敗に対し、時に優しく、時に厳しくおつき合いくださいました、今まで経営してきた各社で働いてくださっていた皆さん、お取引くださっていた皆様。（今さらながらではございますが）心より感謝申し上げます。また、ご迷惑をおかけしまして、まことに申し訳ございませんでした。

また、現在おつき合いくださっている皆様、いつも本当にありがとうございます。皆様のおかげで、「ひとり社長」として楽しい人生を歩ませていただいております。加えて、本書の出版にご尽力いただきました皆様、本当にありがとうございました。

そして最後に、妻と雑種猫の安男君、全然お家に帰れなくてごめんなさい。

一圓克彦

本書をお読みになった皆様へ

本書に書ききれなかったノウハウや、日々新しい情報をお届けしております。

【YouTube チャンネル】

「一圓克彦 ニッポンのハエギワ」

お盆も正月も関係無し！

（毎日）1 日 10 分、経営に役立つヒントをお届けする、
YouTube チャンネルです。ぜひご覧（＆ご登録）ください！

● ＰＣの方はこちら

ニッポンのハエギワ　動画　検索

● スマホの方はこちら

【日刊メールマガジン】

「日刊カンドコロ」

3 分程度で読める情報を毎日お届け。
経営に役に立つヒントをさらっとお読み頂けます。ぜひご登録ください！

● ＰＣの方はこちら

エンイチ　カンドコロ　検索

● スマホの方はこちら

■著者略歴

一圓　克彦（いちえん　かつひこ）

職業「ひとり社長」。平凡なサラリーマン、起業家（飲食、システム開発、デザイン）、二代目経営者等を経験。満員電車に揺られるサラリーマンから、年商150億・従業員300人規模の会社経営までを経験し、2011年、自分史上最も理想的な働き方「ひとり社長」に落ち着く。最大の悩み「人間関係」から解放され、ひとり社長ならではの高収益ビジネスモデルを実現する事に成功。現在は自ら2社のひとり社長企業の経営を行うほか、人間関係の悩みから解放されながら経営者としての醍醐味も味わえる「ひとり社長」の起業支援や現役「ひとり社長」の経営支援を積極的におこなっている。著書『0円で8割をリピーターにする集客術』（あさ出版）ほか。

本書の内容に関するお問い合わせ
明日香出版社　編集部
☎(03) 5395-7651

ひとり社長《しゃちょう》の稼《かせ》ぎ方《かた》・仕事《しごと》のやり方《かた》

2019年　3月　22日　初 版 発 行
2019年　6月　21日　第12刷発行　著　者　一《いち》　圓《えん》　克《かつ》　彦《ひこ》
発行者　石　野　栄　一

明日香出版社

〒112-0005 東京都文京区水道 2-11-5
電話 (03) 5395-7650（代 表）
(03) 5395-7654（FAX）
郵便振替 00150-6-183481
http://www.asuka-g.co.jp

■スタッフ■　編集　小林勝／久松圭祐／古川創一／藤田知子／田中裕也
営業　渡辺久夫／浜田充弘／奥本達哉／野口優／横尾一樹／関山美保子／藤本さやか　財務　早川朋子

印刷　美研プリンティング株式会社
製本　根本製本株式会社
ISBN 978-4-7569-2019-5 C0034

編集担当　古川創一

起業を考えたら必ず読む本

井上　達也

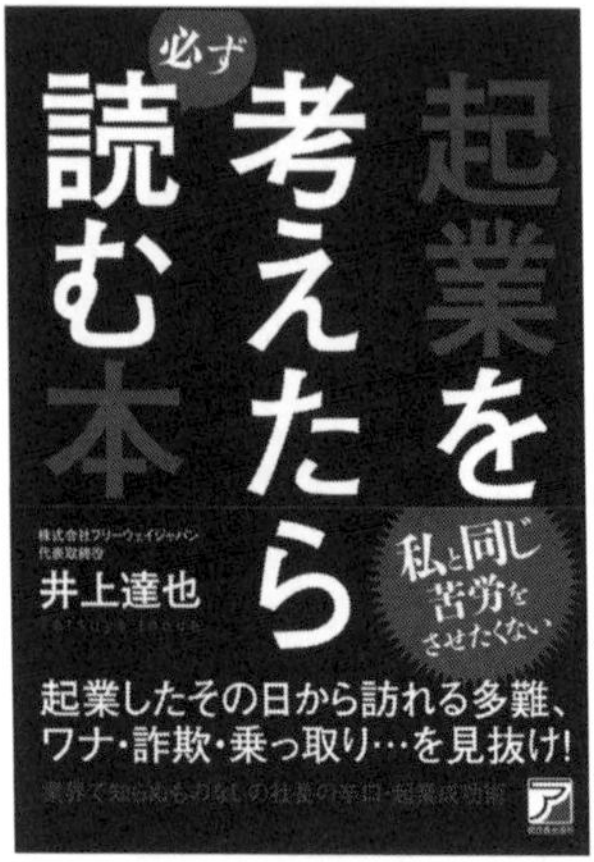

創業 25 年、徒手空拳で会社をいちからたたき上げ、強くしてきた自負があるからこそ書ける、起業のアドバイス本。起業を思い立ったらやること、決意して会社を辞める前にやっておくこと、会社を作ったらやること、負けず成功するために心に刻んでおくことなどのアドバイスを紹介。コンサルが書いたものにはない、力強さがあります！

本体価格 1500 円＋税　B6 並製　248 ページ
ISBN978-4-7569-1855-0　2016/09 発行

会社に雇われずにフリーで働く！と決めたら読む本

立野井　一恵

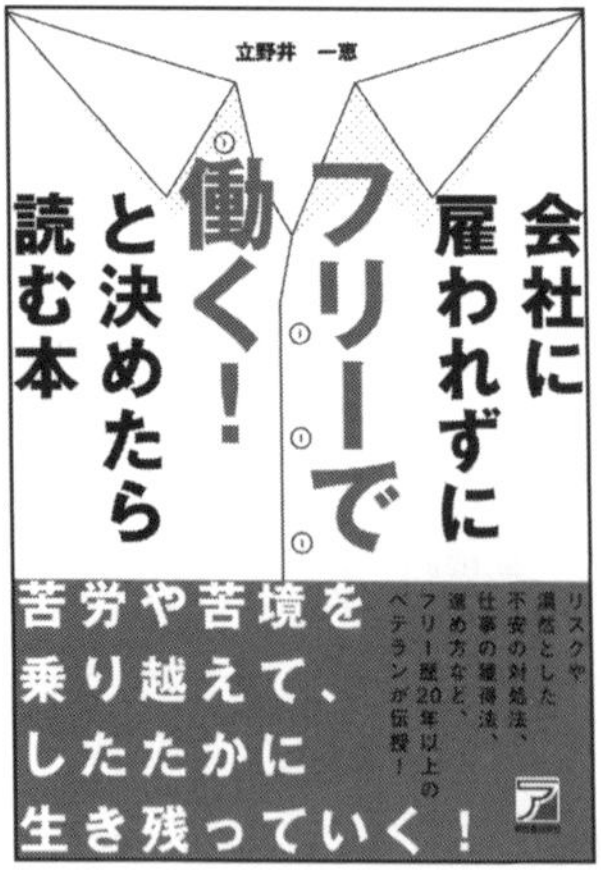

独立してみたものの、厳しいフリーランスの世界をどう生き残っていくのか。著者のフリーランス生活 20 年のなかで体得した、「リスク回避」「お金の管理」「営業・ブランディング」「仕事のシフト化」などを紹介していく。

本体価格 1500 円＋税　B6 並製　216 ページ
ISBN978-4-7569-1950-2　2018/02 発行

小さくても儲ける会社の「社長」のチェックボックス

酒井　英之

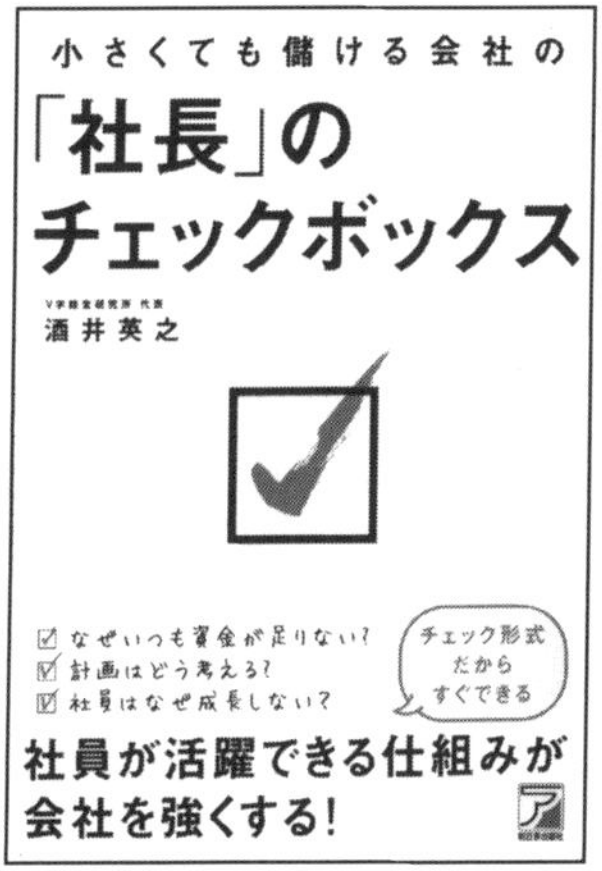

経営を肌感覚で行っている社長さんも少なくないため、「経営の当たり前のこと」をしっかりと網羅しているというのは少数派のように思えます。「社長の心構え」「経営理念」「事業計画」「経営をまわす仕組み」「人材育成」など外してはいけない「経営の基本的なもの」を事例をふんだんに交えながら紹介。

本体価格 1500 円+税　B6 並製　248 ページ
ISBN978-4-7569-2001-0　2018/11 発行

改訂版 はじめての会社経営 100 問 100 答

出口秀樹税理士事務所：編著
出口　秀樹／福澤　康弘
／中村　明博：著

起業したばかりの社長や会社組織に育てていこうと考える社長が知っておくべき、会社経営に必要な実務判断ポイントを 1 問 1 答形式で解説。

本体価格 1600 円+税　B6 並製　248 ページ
ISBN978-4-7569-1872-7　2016/12 発行

社員ゼロ！ 会社は「1人」で経営しなさい

山本 憲明

社員を雇わず一人で経営し、成功するための方法を税理士視点からまとめる。
会社を大きくせずに、一人で経営することのメリットがわかる。ムリのないや先を見通した経営計画の立て方と心得を説きました。

本体価格 1500 円＋税 B6 並製 208 ページ
ISBN978-4-7569-1935-9 2017/11 発行

小さな会社の社長の戦い方

井上 達也

中小企業と大企業では、儲けの構造が異なります。ゼロから起業し、4000 社以上顧客を増やし急成長させた社長が、中小企業がとるべき経営手法やマーケティング手法を教えます。

本体価格 1500 円＋税 B6 並製 240 ページ
ISBN978-4-7569-1460-6 2012/11 発行